司馬遼太郎『菜の花の沖』と北前船〈増補版〉

塩見 英治

Shiomi Eiji

風詠社

目次

はじめに

私は中央大学の教員として、35年間勤務した。経済学部で交通経済を専攻した。大学院では専らアメリカの航空政策を研究したが、交通領域の研究に入るきっかけは、前京都大学佐波宣平教授の書いた『交通概論』『海運理論体系』と前関西学院大学柚木学教授の『近世の日本海運ー西廻り海運における交易・流通ー』に刺激を受けたことによる。しかし、本格的な研究は、規制緩和に刺激を受け、航空領域の研究が中心になった。集大成は、神戸大学で学位論文をとったアメリカの航空規制緩和の研究であった。アメリカの航空規制緩和は、その後の公益事業領域での規制緩和の世界の先駆けとなった。

定年退職を迎えるにあたって、海への関心が高まった。本格的な研究は無理なので、趣味として司馬遼太郎や新田次郎の著書は読んでいた。退職後、『国盗り物語』『武田信玄』『菜の花の沖』と読み進んでうちに、歴史に関心が高まっていった。

退職後の人生設計では、現役の仕事を継続することや趣味を生かすことなど、いろいろ考えられる。小生は退職する3年前に脳梗塞になり、脚に後遺症が残った。それで、本格的な仕事の継続はやめた。現役中によく論文を書いていたので、ささやかな趣味を生かし、司馬遼太郎の『菜の花の沖』を中心にまとめつつ、当時の歴史を探ることにした。彼の郷里にも足を運んだ。情勢はすっかり変わっている。ただ、海はなぎ畑には菜の花。船はないが、当時のにぎや

5

かな船の搬送を想定した。動乱期のある人物に焦点を当てる司馬文学。

海運そのものが専門でない。また、歴史そのものが専門でもない。それゆえに、大胆に全体像を探ることができた。小説のあらすじと高田屋嘉兵衛像、時代の財政・経済構造、鎖国と密貿易の構成で、網羅的かつ系統的にとらえることができた。本書が、少しでも司馬と小説の主人公の高田屋の想いに近づいて描けていれば、幸いである。それと、当時の北前船の発展と盛衰の経過を探る一助となることを願っている。最後になったが、校正にあたっては、風詠社の藤森功一氏のお世話になっている。謝意を表する。

塩見　英治

I　司馬遼太郎『菜の花の沖』

1　あらすじ

第一巻

高田屋嘉兵衛（旧名は菊弥、後に元服して改名）が淡路島の都志の貧農の境遇から出て、兵庫での船乗りになるべく、西宮の鳥取藩の御用達で米を主に扱う藩船を扱う知人のニラトラさんに向かう青春時代を描いている。彼の生まれは淡路島の西海岸にある都志の浦である。江戸期は、格式の時代である。高田屋の本家は、平民では許されない、欄間の設定、門構えが許されていた。戦国の時代の末期に淡路に来たらしい。戦国の淡路の島主の安宅氏に仕えていたともいい、あるいは、安宅氏を滅ぼした織田氏の家来だったともいう。後に、土着し、阿波・淡路が蜂須賀氏の封土になったとき以来、土着の身ながら、郷士のような礼遇を受けてきた。当地は、蜂須賀氏の農村への搾取は著しく、百姓の生産的作業に従事していなかった武士への尊敬は薄かった。

11歳で新在家の義叔父の雑貨の商いをする和田屋基喜十郎の家に、裾切襦袢1枚で寄宿する。若衆頭を長とし、組織の若者は、その命令に服さねばならない。その組織は小字ごとにある。嘉兵衛は本家のある木村の若衆宿に属していた。当地では、若衆宿に入れなければならない。若衆宿を長とし、組織の若者は、その命令に服さねばならない。その組織は小字ごとにある。嘉兵衛は本家のある木村の若衆宿に属していた。

15歳で木村の若衆組に属して以来、新在家の彼に対する迫害がひどくなった。若衆宿の制度は、古代から存在し、村の13〜15歳の若者が集まって数年間、共同生活を営む制度で、祭礼の運営、火事等の緊急の災害処理を目的としていた。西日本で多く見られ、上下関係や規律を学ぶ場でもあった。村ごとに存在し、相互に敵対心を燃やし、内部組織で若衆頭を頂点に、陰湿ないじめの温床にもなった。はじめは、当地の小さな瓦船で、船乗りの経験をする。後の女房となる新在家の網元の娘のお房と恋仲となる。このことで、いわれのない迫害に遭う。西の宮で小さな廻船問屋を営むあだなをニナトラと称する堺屋喜平のところに赴く。淡路・大坂間の航海を体験したのが18歳、兵庫に赴いて本格的に航海を実地で学ぶのが、20歳の時である。

水主の身から、やがて船頭になる。当時、荷は主に米。幕府が、全国各地に合わせて四百数十万石という直轄領を持っている。その米を江戸・大坂に運んでいた。17世紀に河村瑞賢が日本海側の航路を開発し、輸送が盛んになっていた。堺屋は、鳥取藩の輸送を請け負っていた。

沖船頭としての技量を発揮し、持船の夢を抱く。

当時、江戸末期は、一大消費地になりつつあった。江戸末期の農本主義から商本主義、商品経済への移行期の変革期、鎖国体制で大船の製造が禁止された中、日本型大和船での交易での矛盾と苦悩が描かれている。家康は1600年初頭に天下を取って、以降、外敵の侵入を防ぐためにあらゆる手を打った。その中に、地理的に脆弱な江戸の海からの攻撃を防ぐための大型船建造・保有の禁止があった。諸藩が保有する大型船を焼き払い、西洋船のような多種多帆型の船の建造・保有を禁止した。

第二巻

嘉兵衛は故郷を出て、西の宮の小さな廻船問屋の代表的廻船問屋のサトニラ（堺屋喜兵衛）さんの船で航海した。

やがて、北風荘右衛門と出入りする水主上がりの廻船を営み、帆の改良を行った松右衛門と知遇を得る。知遇を得て、自船を所有し、航行に技量を発揮し、蝦夷までの航行を夢見るまでを扱っている。

当時、兵庫には、北国専門（北前船）の廻船問屋が13軒あり、幕法によって、それらが「株」として固定しており、新たな開業はできなかった。河村瑞賢が太平洋航路の東廻り航路を開いて、奥州の米を海路江戸に送るのに成功したのは、1670年であった。

持船主になっても、高田屋の屋号は掲げられない。和泉屋伊兵衛から北風を通して、廃船同様の薬師丸というボロ船を格安で手に入れる。このボロ船は、北風のもとで筏で紀州の木材運送などで稼いだ資金などを元手にしたもので、堅固にするために秋田の船大工に修理を依頼する。北風の傭船の沖船として技量を発揮する。航行は自船というより、表向きは西の宮の和泉のもので、荷は北風の支配下にあった。小さな廻船問屋を持っていたサトニラさんの船でも航海した。しかし、持船には変わりなかった。

航行は兄弟で従事する。当時は海難事故が多く、船の遭難と漂流は江戸期日本の一大特徴であった。当時の船は風と潮流だけが頼りで、動力源がなかった。嘉兵衛は、一度も海難事故を起こしてない。航海の途中、故郷との昔のわだかまりも溶解する。当時は、各地間の価格差を利用した交易であり、その土地が欲している

ものがあれば、持っていけば売れた。特に、蝦夷で捕れる海産物は希少価値が高く、大消費地の江戸や大阪で高く売れた。嘉兵衛の蝦夷への航海の夢は広がる。蝦夷は未開で松前藩の支配下にあり、そこで捕れるニシンは、木綿の肥料であった。

第三巻

嘉兵衛の北前船での航行が始まり、念願の船も新造し、蝦夷進出の足がかりを得るまでの話である。秋田で、1500石の大型船を建造し、蝦夷に乗り込む。当時、蝦夷地の主・松前藩はアイヌの人々を酷使し、自由を奪って豊富な海産物を独占していたが、この事実を中央権力などに知られるのを恐れつつ、大国ロシアの進出がありながらも隠蔽した。この頃、嘉兵衛は大船で乗り入れたが、幕府は唐突に東蝦夷地を直轄領にする。未開の箱館で、兵庫に送るための倉庫を造る。当時、最大級の1500石積みの船の「辰悦丸」を用いて、箱立を拠点にしていた。幕府の役人とも知遇を得た。やがて、アッケシへの官米輸送を依頼される。幕府は松前藩に対し、藩の御用船頭にさせることによって奥地の開発に資格を与えた。冒険心のある航海士の嘉兵衛は、受諾する。蝦夷地での交易の一本でやる意志を固める。箱館を中心に町を作った経過が窺い知れる。また、近江商人の進出から、冒険心に富んだ活躍も窺い知れる。

第四巻

嘉兵衛は、いよいよエトロフ島まで航行する。幕府は蝦夷地の北辺がロシアの南下による領

10

有の危機にあるのを知り、防衛強化の必要があった。この時代、ロシアでは、カムチャッカ半島の領有以来、日本を「発見」することが至上命令のようになっていた。だが、主に商社のもと、ラッコや黒豹の狩猟での毛皮を主目的として出没していたが、土地の取得にこだわる理由がない。日本とは対照的。ここに、領有のロシアと日本の考え方の差異があるとする。ロシアがシベリアに現れるのは16世紀で、それにコサックが大きな役割を果たした。松前藩が場所制のもとアイヌ人を酷使し、豊富な海産物を独占している惨状を目にする。さらに、アイヌ人の耕作の権利を奪い、ロシア人の出没の脅威も幕府に隠していた。幕府も北辺警備の必要性を感じ、海産物の豊富さから、蝦夷地の経営に大きな関心を示すようになった。松前藩の場所制度の悪弊を廃し、幕府の所管とした。だが、直営の負担から場所請負制度を復活させる。嘉兵衛は、北辺の海路の開拓にも貢献する。この頃、江戸に冒険的地理学者が現れるが、嘉兵衛も開拓に手を出す。航路を開拓し、択捉島の漁業の開拓にも成功する。享和元年（1801）には、苗字帯刀を許され、文化３年には、蝦夷地産物売り捌き方に任命された。新規事業を興すには株にはとらわれのない未開拓の蝦夷地しかなかった。

第五巻

　この巻は、高田屋嘉兵衛の日本周辺の記述から逸れ、多くがロシアの事情の説明に割いている。最終巻での展開をクライマックスへつなぐ上で重要な記述と思われる。ロシアが「日本」という未知に近い国を含みつつ遙かな潮路に向かって乗り出したのは、1803年。嘉兵衛は、

第六巻

　ゴローニンの捕縛の代償として、当時、南千島で活躍していた高田屋嘉兵衛が捕らえられ、カムチャッカに拉致される。その途中、ロシアの副艦長のリコルド少佐とのボディランゲージを交えた友情を展開し、ロシアとの衝突を回避し、ゴローニンの奪還に手を貸し、ロシアと日本の和平に貢献していく。まさに、この小説のクライマックス部分が展開されている。

　リコルドは、ゴローニンの消息を探り、連れ帰ることを画策していた。当時、高田屋嘉兵衛は、幕府の御用商人として、特に、国後・択捉島方面での海産物の輸送の商権を一手に掌握しており、その際に、荷を積んだ観世丸で択捉島を発って国後に向かう途中、ロシア艦の奇襲に遭って、拿捕された。権威に屈することのない気位と武士風の見識に、リコルドは嘉兵衛に対して尊敬の念を抱く。リコルドは、日本を攻撃せよとの本国の命令に反して、応援船が到着

　35歳。松前藩が「場所」という藩設の施設をカラフトに置くのは、1790年。この時にカラフトは、松前藩が支配する領土になった。1809年に至っては、間宮林蔵がいわゆる間宮海峡を発見している。幕府がカラフトを直轄領としたのは、1807年である。1800年代の初頭、ロシア皇帝の使者レザノフは、広大なカムチャッカ、シベリアを運営するために、食糧基地の必要を感じ、幕府に通商を求める。幕府は拒否。これを不満に思ったロシアは武力公使で認めさせようと、フヴォストフ事件を起こす。その数年後、この事件とは関係なく、ロシアはゴローニンを極東調査に派遣する。幕府は、南千島に来たゴローニンを捕縛する。

12

ペトロパブロフスクにおける高田屋嘉兵衛と
ピョートル・リコルドの像

する前に、日本に向け出航する。再び、松前にやってきた
が、嘉兵衛は、臨時の応接掛に任命される。当時、漂流民
を含め、鎖国体制では、国外に出た者は死罪の対象であっ
た。彼の尽力で、ゴローニン少佐との交換交渉が成立し、
ロシアとの戦闘も回避できた。だが、リコルドが携行した
ロシアとの通商協定は見送った。しかし、国境の確定はで
きた。すなわち、日本領を国後島までとし、ロシア領をシ
ムシシリ島までとした。国禁を犯した高田屋嘉兵衛の処分
は、おとがめなしとなった。北方領の平安の定着ととも
に、幕府は蝦夷地経営の直轄をやめ、松前藩に戻した。帰
国となった嘉兵衛は気力も萎えて、1827年に、この世
から59歳で去る。

彼の死後、松前藩は、幕府が長崎を拠点に清とオランダしか公式の交易を認めていなかった
ために、1831年、密貿易の廉で持ち船を没収し、高田屋を潰してしまった。第六巻のほと
んどが、ゴローニンの日本解説とリコルドの手記『日本幽囚人記』などを参考に描かれている。
リコルドが嘉兵衛と別れる時に連呼したタイショウ、ウラアの言葉が印象的である。

2 高田屋嘉兵衛が活躍した主要都市の当時の状況

兵庫

嘉兵衛にとって兵庫は、稼ぎ場所であった。知人の堺屋喜兵衛を介して、北風の雇われ頭として航海を本格的に始動した。当時、兵庫には13軒の廻船問屋があり、幕法によってそれらが「株」として固定しており、勝手に新規開業することは困難であった。そういうわけで、比較的、開業が自由な新天地の蝦夷に進出する。その廻船業者の中で、北風は支配的であった。兵庫一の富豪には及ばない。だが、大きいといっても、大坂で大名貸しをしている鴻池や天王寺屋のような金融業には及ばない。兵庫はかつて、西宮とともに尼崎藩（松方氏4万石）の藩領であった。尼崎藩は、酒造の灘、湊の西宮、遠国船の母港、あるいは寄港地である兵庫を持っており、財政の基礎は農村より町を中心にしていた。1776年に、交通の要衝でもあり、西国大名の海路進入の脅威から、天領にした。兵庫には、地場に均一で良質な酒を大量に造る強みがあった。商道徳も兵庫にはあり、持船船頭も大坂より兵庫での荷下ろしを好んだ。嘉兵衛はやがて、筏での木材の輸送や鰹の取引などで大きな資金を獲得し、1万5千石の薬師丸を手に入れる。官営のお抱え雇われ船頭として蝦夷地を開発し、自船を増やし、兵庫と箱館を拠点として交易輸送を活発化していった。

箱館

蝦夷地での交易に進出する。

14

箱館は、嘉兵衛が自船の1500石大型船で本格的に海運業を展開すべく進出した場所である。進出した当初、箱館にはまだ、戸数が少なかった。28歳の頃である。それから16年後には、当初、貧寒とした海浜が、堂々とした設備のある港湾都市になっている。箱館の後背地の農村も発展していて、箱館市民のために食料を供給していた。ここ箱館に支店を置き、兄弟力を合わせて兵庫との交易を行った。箱館からは、蝦夷地で捕れたニシンや昆布などの海産物を満載し、片や西宮からは、途中の大坂などから集荷した主食の米のほか、ほとんどの生活物資を箱館に輸送した。ニシンは食料になるだけでなく肥料にもなり、木綿などの生産を支えた。統括する松前藩には、鎖国体制の中で公の長崎のほか、対馬、薩摩と並び対外の口が開いており、貿易を行っていた。高田屋の看板を掲げた本店は、兵庫に置いた。倉庫を展開し、港湾の整備や埋め立て、造船所の設置にも尽力した。ここを拠点に蝦夷地での航路を開拓した。松前藩のアイヌの隷属を批判し、アイヌに漁法を教えた。33歳の時には、択捉航路の発見や開拓の功績によって幕府から「蝦夷地産物売捌方」を任ぜられる。また高田屋は、1809年に箱館市街の大坂町奉行から「蝦夷地定雇船頭」を任ぜられ、苗字帯刀を許可される。1806年には大半が火災で焼失した時に、被災者の救援活動と復興事業を率先して行った。小説のクライマックスになるゴローニン事件が終結を迎え、ディアナ号が就航するのも箱館である。

大坂

通説では町人の町とされるが、1765年頃、人口約42万人の都市には、半ば町人化した武

士もいた。米は全国の余剰米をいったんここに集め、ここで相場を立てて全国に散らせ、一つの相場のもとに置いていた。大坂は都市として東京より小さかったが、全国経済の機能をまかなっていた。一大消費地でもあり、全国物産の集散地でもあった。大坂の米市場には、日本海沿岸から西日本の全域の大名の年貢米が集まった。敦賀や新潟、酒田などの大名の年貢米も売買され、相場を見て売却の調整をした。取り扱い物資は魚の他に、綿花、木綿、醤油、古着、銅、塩、鉄、和紙の原料になるコウゾやミツマタなどが運び込まれた。集散地であるとともに、基本的な生産地ではなかったが、一部、物資の製造や精錬が行われている。大手の廻船問屋、金融金貸し、造船業も集積していた。

江戸

江戸時代の人口は約２８００万人で、そのうち農民が８割であり、商工業従事者を合わせた階層が、数少ない武士に支配されていた。商工業者の大半が城下町その他の都市に住まわされ、主として武士や貴族のために業を営んでいた。農村内には、村民を対象とした商業や村民の消費を当て込んだ手工業者などは、まずいなかった。幕藩体制下の貢租体系の特徴の一つは、主に米で徴収されたことである。領土内においてはもちろん、参勤交代で江戸詰め江戸御用米を調達した。参勤交代を制度化したのは、三代将軍の家光である。大名の江戸勤参に、人質的な意味合いから妻子の江戸居住を奨励し、大名は領地と江戸との往復という二重生活で、藩財政を圧迫したが、これがまた大坂と並ぶ大消費地を支えた。

米は自己消費量を超えた現物を貨幣に換えた。全国からの特産品の購入に充てた。三代将軍の家光は、「鎖国体制」を固めていったが、当時、海外布教を積極的に行っていたキリスト教のカトリック勢力の伸長を阻止する「禁教令」の延長であり、キリシタンの排除や宣教師の密航を防ぐ手段であった。寺小屋の存在などから、平民の教育水準は高かった。商人や船頭方の資質が養われ、平民から有能な科学者が出た。農本主義は、商工業の展開、市場の統一の動向から基盤が失われ、藩の財政も窮乏化し、商品経済へと移行していく。市場の統一から、各地間の価格差を利用した不等価交換の基盤のゆらぎから、和船経営も衰退の途をたどる。

3　高田屋嘉兵衛という人物

なににもまして、好漢であったとされる。小背ながら、上に媚びることなく、下に威張ることもなかった。18世紀から19世紀にかけて、蝦夷地本島・千島で活動した船乗り、商人、漁業開拓者、海洋冒険家であり、さらには民間外交官であった。北海におけるフヴォストフ大佐の蛮行は、手薄な幕府の警護をついたもので、フヴォストフ事件と呼ばれているが、その事件から5年後の1811年に、ゴローニン少佐が率いる測量船ディアナ号のゴローニン艦長は入獄の身となった。同号の副長のリコルドは、艦長を救助すべく、あらゆる努力を払った。折から、航海中の観世丸を拿捕し、高田屋嘉兵衛を拘縛する。対面したリコルドは、手記の中で嘉兵

17

ТАКАТАЙ-КАХИ.

高田屋 嘉兵衛の画

4 北前船による文化の伝承

役割を務める。北前船の船頭には航海、操船に高い技術が要求されたが、海難事故を一度も起こしていない。当時、日本海の荒海によって難破する船が多かったが、海難事故を一度も起こしていない。

嘉兵衛は、内国交易の蝦夷地における根拠地として箱館を最初に見いだした人物である。また、この箱館で商業権を確立するのに貢献している。幕府に交渉してゴローニンを釈放させ、両国和平のための決意を固め、家族らに遺書をしたためている。同行も13人が志願した。学問がなかったとはいえ、船頭には読み書きが要求される。都志の浦方の和田屋での住み込みの修業時代に読み書き、そろばんを習得している。水夫にも思いやりがあり、水夫見習いの炊にも親切にしている。船上で養成者の事件の一切を解決している。晩年は、郷里に戻り、近在の灌漑土木のために私財を投入している。ロシア聖教のニコライは、ゴローニンの『日本幽囚記』を読み、生涯、日本に骨を埋めるつもりで来日したという。嘉兵衛の慕われる人物像が浮かび上がる。

衛について、一見して凡庸でない丁寧な礼儀正しい人物と印象を語っている。ゴローニン釈放交渉で連行される時も、平然と両国和平のための決意を固め、家族らに遺書をしたためている。同行も13人が志願した。学問がなかったとはいえ、船頭には読み書きが要求される。都志の浦方の和田屋での住み込みの修業時代に読み書き、そろばんを習得している。水夫にも思いやりがあり、水夫見習いの炊にも親切にしている。この点でも天賦の才があった。船上で養成者の

北前船は様々な文化を運んだ。中心は食文化。北海道の昆布が西日本での味のベースになった。民謡もそうである。「ハイヤ節」は九州が発祥地である。これが新潟県の「佐渡おけさ」になり、さらに青森県の「津軽アイヤ節」に姿を変えた。島根県の「出雲節」も、秋田では「秋田船方言節」に姿を変えて伝播した。木綿は、江戸時代の初期に大坂の河内で本格的な栽培が始まり、柔軟性と湿気に優れ、日本に「衣料革命」をもたらした。ニシンを肥料にして、広く用いられた。日本海に流行した「裂織」は北前船が運んだ木綿性の古着で、古着を横糸にした織物は、まさに木綿のリサイクルであった。

5　当時の和船

鎌倉と室町時代には民間レベルでの海上貿易が盛んに行われた。室町期には、対明貿易で2500石クラスの航洋型の大型船も造られるようになった。戦国時代になると、織田信長と豊臣秀吉は外国貿易に熱心で、特に秀吉は、朱印状を発行し外国貿易を政権の管理下に置き、このため海洋船を利用する。家康も貿易に熱心で、三浦按針を召し抱え、西洋型帆船を建造させる。朱印船は中国船や南蛮船の構造を取り入れ、堅牢であった。だが、家光の代になって鎖国令を敷き、大型船の建造・使用を禁止する。1609年、幕府は諸般の所有する大戦のうち、500石積み以上のものを淡路島に集め、ことごとく没収し、同時に、大名に対し500石以上の船の所有を禁止した。マストも1本で、多帆を禁止した。防衛のためであった。西方の有

力大名が江戸湾への侵入攻撃を防ぐためであった。この大船禁止の幕法は、幕末、1853年のペリー来航の直後にこの制約が解かれるまで、実に244年も継続した。参勤交代と並び、この禁止は幕府を安泰に支える矢板になった。この軍船の禁止は、町人の商船にまで影響が及び、弁財船という独特の和船が、それ以降、江戸期には発達した。

船首が低く下がり、甲板がなく、水密性に乏しかった。それだけ荷の搭載を重視した。横波に弱く、マストが1本で推進力を得るために帆幅が広く、その分、舵は大きなものであった。帆は木綿の専用織りで、航海には技量を要した。設計図はなく、この広大な舵の破壊によって生じた。千石船の帆柱は、高さ24〜25メートルはあった。製造にあたっては、帆柱と船底の主材となる蛇の部分を重視した。基本的には経験主義によって建造した。檜か杉の巨木、後に細い材を束ね、鉄輪をはめ込むタイマツ柱が使用された。上げ下げには、滑車が使われた。細い組立の材木の接合には釘と鋲をあまり使わず、機密性を高めるはめ込みに技量を要した。軍用の大型近代船を禁止したが、町船帆船の大型でも、1500石であった。航路と用途によって弁財船は区別される。日本海を就航する

主に米と海産物を輸送する船舶は北前船、主に灘と江戸間で主に酒を輸送する船舶を樽廻船、江戸と大坂間の太平洋の航路で主に米と雑貨などを輸送した船舶を檜垣廻船という。構造上の差異もあり、樽廻船は速度が速く、樽積載に適するよう設計され、檜垣廻船は舷側垣立下部に檜垣模様があり、北前船は江戸中期までは、荒海を航行するために船首が丸くなっている点に特徴があった。いずれも、前期的な廻船問屋の支配下にあった。航行は基本的に目視に頼った

が、磁石の使用も併用した。海図はなかった。

和船の特徴の一つは、西洋船に比べて多くても10数人の少人数で操業できたことである。海上の船舶の従事者の階級は船頭、親仁（水主の長）、知行（事務長）、表司（航海士）、片表（航海士補佐）、楫子、碇捌、炊夫などに分かれており、上下関係は厳しかった。最高責任者の船頭は、船の運航から商品の売買、乗員の統率まですべての統括が任されていた。当時の花形職業であった大工の棟梁は年収25両であったが、菱垣廻船や樽廻船の船頭には30～40両の年収があった。これに対して北前船は、一航海が2～3両であったが、自己の商品の1割の搭載が許されており、一航海で千両の稼ぎも見られた。その下に「三役」の重要ポストが控えていた。

現在の航海士にあたる「表司」は、出帆すれば昼夜を問わず進路を定め、目的地までの進路を指示した。事務長にあたる「知工」は積み荷の受け渡しを指示し、帳簿をつけ、船頭と相談してお金の出し入れをした。水夫長にあたる「親仁」は、帆や舵の操作、その他すべての甲板上の作業を指揮した。「三役」には、「切り出し」という報酬があり、船長から売上の5～10％が分配された。一般船員は水主という。この中で表司を補佐する片表、舵を動かす楫子、碇を上げる碇捌など、技量が必要なベテランの職種があった。炊夫は調理担当の最下位の職種で、朝は最も早く起き、寄港しても船の留守番をした。嘉兵衛は炊夫にも心配りをし、船上の訓練・養成も行った。船上では一蓮托生、連帯感は強かった。身分制度では下位にあったが、比較的自由であり、白米にもありつけた。一方、荷抜けも多く、上等な人間とは思われていなかった。

水夫は淡路出身が多かった。

6 主な積み荷

米は全体で取扱量が多かった。大坂の米市場には、日本海沿岸から西日本全域の年貢米が集まった。大坂のほかに敦賀、新潟、酒田などでの仕入れもあり、大坂で相場が立てられた。大名にとっては、消費財などを購入し換金できる商品であった。北前船の船主は、相場を見て安価な時に買い出し、高ければ積み荷の米を販売した。

海に関するもので、日本海全域で販売できたものは塩である。瀬戸内海の塩は、調味料のほか、鮭の保存などに用いられた。蝦夷地などで加工した塩鮭は、江戸などの大都市で時間を置いて食事に供された。着類の中心は木綿製の衣類である。江戸初期に、大坂の河内などでニシンを肥料に綿の本格的な栽培が始まり、糸を紡いで折った木綿が市場に出て、衣料の革命を起こした。それまでの麻に比べ、柔軟性と吸湿性に富んでいた。綿は熱帯性の植物で、南方産のものだけに北国で重宝がられた。木綿の古着も販売対象となった。

資源のうち主要なものは鉄で、江戸期の8割は中国山地で採取された砂鉄などを原料に精錬され、それを運んだ鉄をもとに鍬や鋤などの農機具、鍋や釜などの生活用品に加工され、人々の生産活動や生活を支えた。各地に鍛冶や刃物の産業をもたらした。文化面では、紙の原料となるコウゾやミツマタを運び、広範な市場が対象で、各地で和紙の製紙産業を支えた。夜の光を照らすローソクも取り扱っている。

そのほか、重石としても使える建築用の石や木材、陶磁器や漆器など、あらゆる生産用品、

22

日用品などを運び、総合商社的機能を果たした。これらの積み荷は寄港地によって選別され、土地の特産品との関係で売買が調整された。

北前船の高収益を生んだのは、千積船の一航海で千両の利益のうち9割を占める大坂への上り便である。その最大の商品は、蝦夷地で捕れるニシンであった。ニシンは煮て魚油を取り、残ったニシン粕を発酵させて肥料にした。また、上り便には、長崎から中国への輸出品に供されるアワビ、フカヒレ、ナマコが運ばれた。そのほか、大量に運ばれたものに昆布がある。中国への輸出用と、日本国内の各地に運ばれ、料理の調味の昆布出汁などで用いられ、食卓に変化をもたらした。

7　北前船主の規模・ネットワークと高田屋

北前船は、船主が商人の活動を行い、地域間の価格差を利用して日本海側の遠隔地の取引を活発に行うことによって利益を獲得したことに特徴がある。運賃積みと異なり、自ら取引をする港を選択でき、場合によっては自己が統制できる積み荷を併せて売買でき、取引する相手も選択できた。中小の船主の中には、小回りが利く中小の港に回航した。その積み荷の購入は、問屋のみならず、自ら選択した生産者からも行うことができ、販売も問屋のみならず、直接の消費者も対象とした。幕藩権力と力を結んで業を営む系列と、幕藩権力から相対的に自立して業を営む系列とに分かれる。前者の御用船主には、御用船主としての時代が長い高田屋が入る。

北前船の航路と主な港

幕府や松前藩と結託し、場所請負人を指定し、運上金を幕府や藩に納めさせ、請け負った場所で漁業を営み、そこでの収穫物の運搬で交易した。近代以降、この系列は、その経営を発展させることができなかった。後者の系列は、近代以降も、北海道の開拓に合わせ、蓄財した利益をもとに、汽船業や金融業で躍進するものも現れた。

資産番付では、地方でも五〇〇万両以上の当時の資産家の家も少なからず見られた。五〇万両以上は数多く見られ、その多くは後に銀行経営を行っている。その理由は、北前船時代に遠隔地間の取引で手形決済を行っていた取引関係などに由来する。金融関連、汽船業の継承、運輸会社、物品の販売業の展開も見られる。製造業の展開は少ない。

24

ネットワークを見ると、18世紀は、蝦夷地〜敦賀〜大津〜大坂〜江戸が典型的なルートだが、運航のコース・ネットワークは、船主と時期によって多様であった。近代以降は、その経営を発展させることができなかった。

8　ニコライ堂と高田屋嘉兵衛

東京駿河台のニコライ堂は、ギリシャ（ロシア）正教の大主教イオアン・ディミトロヴィチ・カサーツキンによって明治24年に建てられた。彼は、周りの日本人によって、ニコライさんと呼ばれ、彼が建てたその聖堂も、ニコライ堂と呼ばれた。修道名のようだ。彼は、スモレンスクの寒村に生まれたが、そこの神学校の生徒だった時、ゴローニンの『日本幽囚記』を読み、感銘を受けて、日本に生涯、骨を埋めようと思った。日露戦争の時に迫害を受けたが、日本に居続けた。彼は、この『日本幽囚記』の口絵に使われた嘉兵衛を好きであった。幕府との間で通商条約を結ぶのは、彼が活躍していた時代からずっと後のことで、彼に面会したのは遺族である。このように、ゴローニンの『日本幽囚記』とそこに登場する嘉兵衛は、修道僧の人生を左右する大きな影響を与えたのである。

9 江戸期の謎の部分

辰悦丸建造の調達資金

辰悦丸の模型

高田屋嘉兵衛は、航海中の出羽庄内で、初めて自己が所有する当時、最大級の1500石の大型和船を建造する。この調達資金は、どうやって捻出したか。

故郷の淡路都志の「和田屋」の奉公時代、身につけた。収入の主源は大規模の漁業ではない。航海術は推測の域を出ない。

大規模なのは熊野灘での鰹漁。鰹船を購入し、操業することによって技を磨き、資金を得た。

その稼ぎ出した資金なのか、または以前の筏で木材を徳島まで運搬し、その資金で得たのか、判然としない。専業の傍ら、副業としての漁業に携わることが許容されたのか、不可思議である。地道に、雇われ船頭として蓄積した資金なのか。それにしても、当時、建造費が2000両かかったと思われる。合わせても厳しい。残り分割としても。いずれにしても嘉兵衛の度量の深さ、蝦夷地での交易にかける熱情を感じる。

それとも北風のバックアップで支援があったのか。

西洋に比べて、船頭が船主になる機会が少ない。廻船問屋の支援、近江商人の支援で、少なからずあったが、多くはない。

その理由として、岡庭氏は、共同所有、共同海損の概念が希薄

26

であったことを挙げている。海難事故が多かったこと、利益変動の大きさ、廻船問屋の支配関係なども挙げられよう。リスク分散の共同海損、共同海損の考え方は参考になる。

鎖国体制と蝦夷地

幕府は、徳川三代将軍家光の後、長い間、鎖国体制が敷かれ、幕府老中が奉書という許可状を与えた船以外の海外渡航や大型船の建造・所有を禁止した。表向きは、非キリシタンのオランダと清国だけに長崎での交易を許可した。それ以外では一切の交易が認められなかったとされる。しかし、実際は薩摩藩を通じての琉球との交易や、松前藩を通じてのロシアとの交易は黙認していた。レザノフという若い貴族は、1904年に公式の交易を求めて長崎に出向くが拒否される。レザノフは、カムチャッカその他に根拠地を持つ巨大な毛皮会社を経営しており、蝦夷に生息するラッコなどの動物の毛皮を商いの対象に考えていた。藩の支配などに反駁し、配下がアイヌの部落を襲い、略奪事件を起こしているが、殺戮は起きていない。領土の侵略もない。ロシアは、土地の侵略や領土の確保を目的としていない。

しかし、アイヌ人も無抵抗ではない。当時の松前藩の圧制などに反逆する乱が起きているが、突然のロシア勢の出没には手を焼いた。武器の前にはどうすることもなかった。防衛のために幕府の直轄に切り替える。

この点は、琉球との正式な交易はなかったが、部分的な交易の黙認と、情報の交流は持続していた。ロシアとの正式な交易はなかったが、琉球を通じて黒砂糖の交易で富を蓄積し、南方の情報を入手していた琉球について

27

も同じことが言える。江戸時代には、交易の窓口は長崎だけではなかった。

Ⅱ　北前船が活動した地域的展開の構造

1　北前船の定義

北前船は事業形態や就航航路、就航船から定義されるが、事業形態や就航路線からも特徴づけられる。

まず事業形態だが、北前船は船主が自らの船で輸送業の傍ら商業活動を行う「買積」形態を行うことを特徴としており、海難のリスクが大きいが、一航海あたりの収益が1000両ほどと大きく、ハイリスク・ハイリターンの経営形態であった。就航航路からの定義もあり。日本海航路を航海している特徴を捉える見解もある。山陰地方を中心に航海を行った買積船と異なる。北の海に就航した和船と捉えられている。『北前船の研究』の著者である牧野隆信氏は「瀬戸内海側の各地では、反対の日本側を北前と呼んだのである」と述べている。だが実態は、その活動は時期は別だが日本海航路に限定されない。

これと関連するが、副次的特徴として、樽廻船、菱垣廻船と同じ弁財船でも、北前船は、その形状が異なるという見解も見られる。『和船〈1〉ものと人間の文化史』の著者である石井謙治氏は「上方～江戸間を主に航海した弁天船と日本海航路を主に航海した弁天船とでは形状が異なる」と述べている。樽廻船の速度が速く、菱垣廻船が舷側の垣立の下部を菱形の格子で装飾

していたこと、北前船がずんぐりした肥満体であったことは知られているが、基本的構造は変わらず、積み荷によって形状がやや異なっていた。

北前船は不等価交換であり、各地間での積荷の買入港と販売港の価格差を収入源とした。特に、西廻り航路は価格差が大きかった。明治期には鉄道と汽船のネットワークの拡充で価格差が縮小したが、後進の地域の船主は遅くまで経営を持続させた。大部分の北前船の船主は、北海道に進出した。明治期の開拓と人口増加で、本州・四国向けの北海道産の魚肥の生産が急増したからである。従って、明治前期に最盛期を迎えるのが、樽廻船や菱形船と異なっている。

北前船の多くが収益率の高い北海道に進出したが、そのビジネスは、江戸時代において封建領主の松前藩が支配下の蝦夷を島の居住地を区分し、漁獲地も区分し、漁獲物のアイヌとの交易を特定の商人に請け負わせる支配体制の中で行われた。

2 北海道と場所請負人

江戸時代は、米の生産高で国力が象徴され、貨幣の代わりに米の石高で支配力が示された。北海道の松前藩では、地勢的に米の収穫が期待できないために、藩主が家臣に与える家禄は、石高に基づく地方知行ではなく、いわゆる場所知行によって主従関係を結んでいた。当時の蝦夷特有の制度である。松前藩が支配する江戸時代の場所請負の制度では、アイヌの居住地を百区画ほどに限定し、蝦夷地の漁業地を区分して、そこでの漁業とアイヌとの交易を特定の商人

に請け負わせ、交易も松前藩の城下の福山湊、函館湊、江差湊の3港に限定していた。藩の収益は、指定の認可を与えた特定の商人が納める運上金に依存していた。松前藩のアイヌに対する態度は、はじめは友好的であったが、次第に専横的になっていった。運上金は大きな額であった。この指定の認可を受けた商人は、場所請負人と呼ばれる。

主な漁獲物は鯡であった。漢字で魚にあらずと書くように、主に肥料に用いられた。指定された特定の商人には、大きく2系列ある。漁業生産を行う場所請負の商人と、北前船船主であった。これら商人には、先陣を切った近江国に本拠を置く近江商人、後発の本州に本拠を置く場所請負商人がいたが、後者は江戸商人が優位な地位を占めた。彼らは自らの手船を有し、運搬、販売を手掛ける垂直的統合経営を行った。近江国出身の商人は藩の御用商人として蝦夷地の商圏を占有していたが、自前の船は少なく、共同で船を傭船した。雇用されたのは北陸の船が多く、船主たちは両国組という仲間組織を結成し、荷所の輸送量を独占した。その船の船主は、越前、敦賀、加賀の出身の船主が多く、北海道と敦賀の港を経由して畿内との結び付きがあった。

1780年には幕府が乗り出す。老中の田沼が北海道の開発を計画したことで、江戸商人の北海道の進出が盛んになる。これによって両浜国組は経営難をきたし、加盟する商人の多くが撤退し、アイヌ交易をもとにする場所請負以外の漁業請負が増加する結果となる。幕府が変化した背景には、たびたび来航するロシア船の警護の強化と、松前藩に冷遇されるアイヌの救済という事情がある。19世紀以降は、これまでの商場請負と漁業請負を合わせて場所請負と呼称されるよ

うになる。両浜組を離れ、荷所船を止め、自ら運ぶ買積経営を行う船主も出るほか、自ら運び販売する垂直統合経営の船主も出るようになる。19世紀以降には、鰊も肥料のみならず、瀬戸内海から運ばれた塩漬けの鮭も、大消費地の江戸と北海道の間での交易の対象とし、大型船で輸送する船主も現れた。次第に、交易は江戸から大坂に移る。1860年代には、場所経営は不安定に陥る。

明治維新の翌年に場所請負は廃止された。それによって、事業主の多くは漁場を開くか、網元になるかの道を余儀なくされた。中には、製造業の関連、タラバ蟹の缶詰を製造する者もあった。漁業を開く者が多かったが、運航そのものは持続する者が少なからずいた。その他の事業は多様に見られる。

両浜組に参加しなかった後発の場所請負人で函館港を拠点に運営している者の中には、輸出昆布に目を付け、北海道と大消費地の関東を結ぶ太平洋航路、函館—横浜間の定期航路の先鞭を付ける者もあった。また、大規模な場所請負経営と手船経営、大坂での問屋経営を組み合わせての経営も見られた。また、経営多角化のため缶詰事業と農牧業への展開をはかった事業者もあったが、多くは事業の整理に追い込まれた。後発の江戸商人の北海道進出の中には、材木と海産物問屋を兼ねている請負人がおり、その中には巨大な場所請負人で、幕府の「函館産物会所の用達」に任命され、樺太と宗谷との間の定期航路を開設した者もあった。また、幕府が主導する物産会の共同請負で手船を有して活路を求め、販売を三井組との委託契約する者があった。三井組から時に融資も受けていた。

高田屋嘉兵衛は、函館湊を拠点に事業を行い、択捉航路を開き、1800年に幕府の「定雇用船頭」となった。1810年から択捉場所や幌泉場所の請負と拡げ、択捉・根室場所で鮭と鱒を、幌泉場所では昆布を主要な取扱品とした。アイヌ人とも交流を深め、蝦夷地の奥地での開拓、新航路の設定に貢献した。当時、北前船では高田屋が最大の運上金を納めた。本店を箱崎に置き、ビジネスは全盛期であった。ゴローニン事件の解決に尽力した。しかし、松前藩に蝦夷地が復領すると、ビジネスのバックアップが喪失し、結局、密輸入の疑いで事業が取りつぶされた。その所有資産は、柏屋（藤野屋）に資産が継承され、それによって同家が最大の運上金の納入者になった。

場所請負制では、大規模な場所請負人はいずれも手船を有し、それによって場所請負の経営と手船の経営は相互に関係があった。蝦夷地は、遠隔で地域間価格差が大きいだけに収益性が高く、北前船経営の典型例の一つであった。場所請負人の手船経営と荷所船の買積経営への転換の時期はほぼ一致している。

3　北海道と北前船

　買積みの北前船にとって収益性が高いのは遠隔間の交易であり、多くの北前船の船主が蝦夷地での交易を目指した。主な交易対象は、江戸時代の北海道の沿岸での漁獲である肥料用の鯡。大きなものと小さなものとでは、処理方法が異なる。大きなものは解体して胴部を利用し、小

さいものは油分と水分を除去し〆粕として使用した。鯡は当時の最大の積荷で、日本の農業を支えた。また、綿畑の肥料になって木綿を産出し、商品市場の拡大をももたらした。場所請負経営は、漁場の場所が運上金と引き換えに、独占的に請負人に委ねられた。商品の販売の取引の担い手は、場所請負人と北前船であったが、明治期の場所制の廃止で、一般の漁民への包括へと移る。また、明治期には以前の事業主体の拠点も、城下から函館や旧請負場所に移される。

魚漁業に再投資し、他産業の銀行などに投資しない傾向を生んだ。

一方、幕府統制により、北前船船主は、交易場所が城下の3港に限定されなくなったので、奥地に出向いて買い付けをするようになった。だが、函館は湊が整備され発達したことにより、そこに拠点維持の船主が多かった。新興の三井物産は、荷為替金融と汽船運賃積の組み合わせで、委託販売方式によって集荷する方式を取った。一方、規模が小さな海産物商、北前船、廻船問屋は、それに対抗し、規模の経済の発揮のために組合を使って石川や福井の北前船の船主が中心になって北陸親睦会を作り、一方、大坂の廻船問屋の組合との間で排他的取引契約を結ぶようになった。

いずれも大規模漁業を経営し、自船を有した上で垂直的統合経営を志向した。九十九里浜などの関東の干鰯が入荷しなくなっていた。多くの旧場所請負人は、活況の鯡漁からの中心であった地方産の鰯魚肥が、１８８０年代の不漁の中で転換普及したこともあった。江戸時代に魚肥

20世紀末には、定期汽船航路と通信の整備により地域間の価格差が縮小し、利益幅が減少するようになる。これにより、漁業の撤退と大規模な本格的漁業への進出の2極が生じる。比較

34

的後発の北前船は、大規模な漁業への転換をはかった。それは、石川県の北前船の船主などに典型的に示される。20世紀初頭の鰊漁は、旧場所請負人や北前船の船主が規模を拡大し、垂直的統合経営を進めている。その結果、経営の基幹は巨大な網元が担い、最盛期を迎える。三井物産に対抗した北前船船主は、地元貢献のために資本蓄積を地元の銀行や企業設立に向けず、そのため、大西洋沿岸の企業勃興は遅れる。1910年代に鰊漁が不漁になり、北前船の船主の多くは漁業・海運業から撤退した。

4　北海道の企業勃興

　日本の企業勃興は、1876年の国立銀行条例改正を契機とした1870年代後半の草創期を経た1886〜1889年の第一次、1895〜1899年の第二次、1905〜1907年を経た企業制度が定着した1900年代の中葉に至る三次にわたるとされる。1904年開戦の日露戦争前は、会社法の編纂が進まない中で、府県が独自の会社規制を設定し、地方活性化の動向に影響を与えた。旧場所請負人と北前船船主、明治期に進出した海産物商も、その例外ではない。ただ、この中にあって、北前船の有力船主の多くが会社方式をとらず、個人で大規模な汽船経営を行い、全体として後期には法人組織の汽船船主の優勢が増す。また、それは買積みから運賃積みの経営の優勢の時期に符合する。

　幕末期に、松前藩城下で福山湊が交易の中心だったのが、函館が開港場として整備され、そ

の函館が明治期に北海道交易の中心となり、北海道での第一次の企業勃興の拠点となった。そ
の後、開拓とともに倉庫群と支店が点在し、流通の拠点であった小樽が交易の中心になり、や
がて官営工場の払い下げとともに札幌が拠点となり、一八九〇年代には小樽と札幌との拠点の
両立が示される。第一次の契機となったのは一八七六年の条例改正であり、これによって国立
銀行の設立ブームを生じる。函館での多くの民間銀行が設立され、東京の銀行と合併する経緯
をたどる。主導したのは旧場所請負人、廻船問屋であった。日清戦争後には、中国向け海産物
の拠点としての函館に函館銀行が設立される。

　次いで、幕府の一八八二年の開拓使所有官有物の払い下げによって、企
業勃興を生じる。これには海運会社設立の動きがあった。その典型は、旧開拓史所有汽船が旧
開拓史官僚と函館商人の共同設立の北海道運輸会社に貸与されたことである。これは、地元資
本による汽船会社の設立であった。同北海道運輸会社は、一八八三年に共同運輸に統合される。
後に同社は、三菱の海運部門との熾烈な競争を経て双方が合併し、八五年に日本郵船となる。函
館商人そのものは本土資本に圧倒され、対抗すべく86年に渡島組を設置し、一八八六年に函
汽船会社を設置する。企業勃興の主導は、次第に地方から中央へと移っていく。拠点の場所も、
函館から小樽と札幌へと移る。

　小樽は銀行・商業・海運・倉庫業といった流通部門の拠点であり、札幌には官営の払い下げ
とともに製造業が中心の会社が設立される。その代表的なものは88年の札幌麦酒醸造所、19
〇〇年の製粉会社設立である。官業払い下げは、他の交通機関、当時の主要エネルギー源の石

炭にも及んだ。

一方、払い下げによらない1887年の北海道製麻会社も設立される。

札幌は官との結び付きが強く、小樽では官と無関係な流通業者が多く、95年に小樽倉庫が創業されるなど、従来からの大規模な北前船の船の所有倉庫が経営された。銀行も、地元主導の設立の経緯が見られる。小樽の余市銀行は地場資本によるもので、後に北海道銀行となる。1900年には、地元主導で北海道開拓銀行が設立される。

このように、北海道の一部では、銀行は江戸時代以降の北海道資本にもよる。その他の産業は、本州資本が投入された差異がある。しかし、日露戦争後の勃興熱の時期は、全体として本土との結び付きが強まる。地元資本との関係を持たないものは、中堅企業にとどまるか、地域的な広がりを持たない。本州との関係が深い札幌が急伸し、本土資本との関係が薄い函館と小樽の停滞、もしくは低下の二極をたどる。

5　東北地方の北前船

陸奥湾から庄内地域にかけての東北日本海沿岸地域。1900年時点でも主要企業は銀行で、製造業は皆無。青森県は比較的規模の大きな銀行、規模の小さな醸造業者が点在する。秋田県は大地主系列の銀行が存在し、山形には庄内で地主や廻船問屋系列の銀行が存在したがその規模は小さい。野村家は青森の大地主で、地元の大豆・魚肥を上方に売却する買積経営を行い、

比較的規模が大きな北前船経営に示される。綿糸の縮小から汽船運賃積へと移行し、一八九〇年代に撤退して、後、銀行業を開業するに至った。間接的に地元経済に貢献した。山形の秋野家は地元庄内産の米を瀬戸内海・畿内へ輸送し販売した。本間家は藩権力と結託し独占的に土地を集積していった。秋野家は選択的に有利な土地を取得し加茂湊で「金銀引替方」の特権を得るが、御用金負担は小さかった。これは、明治期に廻船経営を継続した理由である。一八八〇年代中期に海運経営から撤退となる。土地経営が収益基盤となる。野村家は地元産の大豆と魚肥、木綿も買い付けて、地元で販売した。秋野家は地元産の米を扱い、地元経済と密接につながる。これは、石川が北海道産物を扱ったのと対照的である。幕末開港後、東京・大坂に木綿が普及すると経営基盤を喪失し、北前船の経営から撤退していった。両家の商業的蓄積は地元との関係はあったが、主に土地取得に専念する。製造業・企業勃興に向かわず、野村家は養蚕を手がけるが振るわない経過を辿った。

6 北陸・信越の北前船 ㈠

　新潟では、一九世紀に帆船を四隻以上所有する船主が一三家存在し、南部の頸城地方と新潟港に集中している。頸城地方の船主は一九世紀の前半から遠隔地間交易に従事した。だが、明治期に海運業から撤退するも、土地経営に専念し、地元の企業勃興に関与しなかった。一方、新潟港の船主は、主に後発の幕末期の一八六〇年代に遠隔地の交易に進出し、企業の勃興、産業化に

寄与している。新潟県域では、帆船大規模の伊藤家、新潟港の船主で最大の地主であり企業勃興に関与した斉藤家がある。

伊藤家は、高田藩領の鬼舞〜近郊の今町（近代期間は直江津）を拠点に廻船問屋を展開し、早くから遠隔地交易に進出する一方、瀬戸内海での交易も行い、所有船舶を9隻まで増加している。江戸時代の伊藤家の廻船の活動は、北海道産物をあまり使わず、米穀・綿・砂糖・塩などを主に扱った。米穀は、地元の越後産の米が中心であった。19世紀初頭以降は、高田藩領で売却された年貢米、19世紀中葉は農民が販売した商品米を新潟で買い入れ、兵庫で販売した。兵庫からの帰り荷に、綿・砂糖・塩を畿内・瀬戸内海で買い入れ、大部分を今町で販売した。幕末期に並行して北海道産を扱うも、それ以外で大きな素利益をあげている。

明治維新後の奥地での交易権と漁業権の解放で、多数の漁民が蝦夷地に定住し、北海道の魚肥生産の拡大をはかった。伊藤家、地元直江津や新潟の後背地で北海道魚肥をあまり使用せず、新潟県域〜畿内・瀬戸内海の交易を行った。越後産の米穀と瀬戸内海の塩・砂糖が取扱いの中心である。

1880年代に、輸入砂糖、北海道での米穀需要が増大し、北海道への交易に進出した。すべての廻船6隻が北海道での交易に従事した。西廻りの航路を1年間に1往復した。新潟〜北海道での米販売、北海道〜瀬戸内・畿内間の魚販売を大型船で扱い、新潟県域では中型船で扱った。

1890年代に、汽船・電信網により地域間格差の縮小に伴い、小樽に支店を設置し、本州海道での米販売、北海道〜瀬戸内・畿内間の魚販売を大型船で扱い、新潟県域では中型船で扱った。

との米穀・肥料の取引を行った。1890年代後半に大型の西洋型の帆船経営、運賃積に転換した。小樽に精米所を設置する。しかし、競争が激化していった。この結果、地元の鬼舞での地主経営に専念した。

斉藤家は幕末の新潟の新興廻船問屋で、70年代前半は地元新潟の米を瀬戸内海・畿内へ、伊藤家と同様、70年代後半に遅れて北海道に進出した。大規模な土地取得をしている。1885年に汽船経営に転換のうえ、運賃積を行った。日清戦争後に、新潟商業銀行などの会社を設立し、そのうえ、石油業、新潟硫酸、越佐汽船経営を行った。これは、大地主資本による銀行経営であり併せて、農村部の石油会社の経営が、伊藤家より地元経済に影響を与えている。しかし、新潟に比し、西頸城では、零細規模の金融で、製造業はなかった。伊藤家など、土地所有で地域と連結し、これは新潟県で工業化の偏在をもたらしている。

佐渡は中継地であり、明治期に、新潟との結び付きを強める。浜田屋は、18世紀の初頭から廻船業を営み、多様な登り航海で、取扱い品は米と胴ニシンが中心であった。なかでも米が中心を占めていた。3隻で、江戸後期まで継続した。

全体として見るに、北海道の魚肥より越後国、新潟産の米の取引が中心であった。

7 北陸・信越の北前船 (二)

能登半島の北前船である。

　北海道の蝦夷島に、能登から多くの漁民や商人が移住した。大規模な特権商人が、江差湊へと進出した。それで能登と蝦夷地・北海道とは、密接な関係があった。かつての時国の範囲は、現在の輪島市町野町の南時国、西時国、曽々木、曽々木港、四字が範囲に入るが、積石数100石くらいの小規模な地回り廻船が、松前まで航行している。時国家、上時国家は、1850年代には、北海道の奥地に進出し、昆布や魚肥を大坂で販売した。1855年に幕府が再度の直轄を行い、振興策の元で、部分的に北前船が進出した。上時国家も同様の経緯を辿っている。能登は、耕地が少ない丘陵地で、漁魚や海運業が盛んであった。能登半島の湊は福浦湊のように風待ちに適している。函館の船主もそこを利用した。彼らは、大規模漁業家として成長し、七尾湊も、定期汽船航路の寄稿港として整備した。

　一宮の西村家は、北海道の厚岸～函館、阿波国撫養～大坂間を往復し、魚肥で大きな利益をあげている。幕末期に手船と備船体制をとり、近代以降、北海道と瀬戸内海を結んで、北海道産を交易する廻船問屋を経営した。西洋型帆船による近代化も行い、稚内で支店を設置した。だが、海運経営のみを継続した。樺太航路の開設なるも、1920年の戦後恐慌で閉鎖した。時国家は、大規模に農業経営を行い、北前船の経営で、北海道へと進出した事態は網野氏の「海民論」をもたらし、日本の歴史を海の視点から再認識する機会を与えた。

8 北陸・信越の北前船 (三)

石川県には、南東部、越前寄りの加賀市橋立町、瀬越町、塩谷町は、江戸時代から明治時代にかけて、多くの北前船の船主や船首を輩出した。特に橋立村は、42人もの船主や船主がいて、「船友会」を結成するなど大きな勢力を誇っていた。なぜ、整備された良い港がなかったのに、多くの船主や船頭を輩出したのか。それは、耕作地が少なく、蝦夷地に拠点を置く近江商人とのつながりが強かったからである。地元の金沢藩のみが東北の諸藩の御用を引き受けていた。あゆが多くが北海道に拠点を移し、北海道に進出した。江戸時代には青森のあゆが沢湊などの東北に支店を有し、明治期以降に、北海道の小樽・函館に支店を持つ者が多かった。東北の支店も、支配人を派遣して寄宿し、店舗を有して倉庫業を兼業。漁場を有し、漁業も兼業した。あゆが沢湊は、弘前藩用の御用であり、野辺地湊は盛岡藩の御用であった。

銭屋五兵衛は、金沢藩の政争で失脚した。経過を見ると、材木商との取引を行い、北東北の産地である下北半島・津軽半島の材木、秋田杉を取扱い、北海道へ進出した。弘前藩の御用でもあり、青森湊・付箋文に支配人を置いた。1840年に金沢藩の支配下、銭屋の1500石も御手船とされ、「御手船裁許」となった。だが、これは民衆の反感を買い、最終的に取り崩しとなった。

江戸時代から、北海道に活動拠点を置いたのは、銭屋のみならず、加賀国橋立の船主であった。酒屋家は、北海道の取引湊を函館とする。19世紀末まで北海道の魚肥を函館から大坂港、

兵庫の湊、徳島港を結んで販売した。長一郎家は、1918年まで持続したが、汽船などの発達で地域間の価格差を縮小し、海産物を自ら漁獲し、南樺太まで輸送した。橋立の船主は有価証券を運用、函館の銀行での投資を行った。地元経済のつながりは薄いが、篤志事業は部分的に行っている。

加賀国の湊村の熊田家は、北陸～瀬戸内海―越後米、瀬戸内の塩を主な対象とした。汽船の発達により、加えて、材木・石炭を対象とし、運賃積をする。1900年になってもなお、魚肥を中心に扱っている。登り便として、板、材木、北海道の石炭を、北陸・東方地方へ、運賃積を行った。小樽に出張店を設置し、委託販売も行った。石川県の湊村でも、本店を改装した。

樺太での漁業経営を行い、農地の開設もした。

北東北で本格的な店舗の開設はなかった。近代期に、加賀の船主の北海道の店舗の開設が多い。直接、農業や漁業へ進出し、地元より北海道での投資を行った。

地域経済へのつながりは、大規模の加賀国南部の大聖寺藩領の北前船の酒谷家のように、北海道と大坂に拠点を設け、薄い。旧加賀国の北部の金沢領域の木谷家は、御用で撤退した。熊田家は御用少なく、近代期に、北前船として発展した。土地所有しその耕地での魚肥を扱い、地元で販売した。地元に一定の貢献をしている。従って企業勃興は旧金沢藩領の中規模北前船主が担った。

9 中部地方の北前船

福井県には、3つの湊があった。このうち、敦賀湊と小浜湊は畿内から最短距離にあり、そこから陸路の琵琶湖—大津・坂本を経由して京都に至った。17世紀からの北海道への進出には、近江商人の存在があった。八幡村などの出身の一部は両浜国を組織した。両浜組は北海道の産物を、共同で船を雇って敦湊、江差に至り、ここから陸揚げし、近江国などに運んだ。両浜組に雇われた船主には、越前や南加賀の船主が多い。

越前の三国国は、加賀国に近い北方にあり、九頭竜川の河口の集散地であり、福井藩の外湊として年貢米の独占的移出港として機能した。そこから下関〜瀬戸内海〜畿内の大坂まで運んだ。越前国三国・若狭国小浜などの有力な船主は、福井藩・小浜藩に結び付いて、御用輸送を大規模に扱った。これに対し、越前国の河野・敦賀の船主は、両浜藩に雇用され北海道〜敦賀の輸送を行った。

越前国河野の右近家・中村家も、両浜組から独立し、商業も行った。全体として、越前・若狭の有力船主は、①御用の負担金の負担多く、蓄積なく近代期につなげず廻船の規模を縮小し、越前国の三国・若狭国の小浜の船主となった系列、②廻船経営が遅い近江商人の雇用から独立し商業を手がけ越前国河野の船主となった系列、③19世紀と廻船遅く、幕末・維新期に廻船を拡大した越前の三国の森田家、越前国の敦賀の大和田家の系列の3タイプに分けられる。

若狭国は、小浜藩下の大規模な廻船業者が存在し、両浜組の雇船にならず、18世紀に瀬戸内

44

り、北海道で山形屋、津軽・秋田とも取引を行い、津軽の御用も扱った。山形屋とは、汎用取組をした。これは、北海道の場所請負に伴う取引形態であった。請負人から青田買い、北前船が運賃積輸送できた。

古川家は、あゆが沢に支配人を常駐し、北東方で取引を指図した。この地域では、畿内から仕入れの木綿を販売し、弘前藩・秋田藩の御用を引き受けた。1834年には弘前藩米の500石を兵庫へ廻送している。1851年に藩の依頼で木綿を大坂で調達し、津軽に運んでいる。地元の小浜藩の御用を行い、1869年の米手形所の閉鎖により、収益基盤を喪失した。

小浜湊の北前船主は小浜藩・福井藩とのつながりを持ち、御用金を負担した。幕末期には伸び悩んだ。これに対し、藩とのつながりが薄い越後の河野の右近家や、敦賀の北前船主は近代期に発展した。日本有数の個人船主の汽船船主、北海道の有数の石炭王となった。右近家は両浜組の請負により、19世紀に買積を拡大している。幕末・維新期に米価・魚肥の価格差の拡大により売買利益を拡大した。運賃利益も上げた。19世紀の中葉に、奥地の小樽・増毛まで年数回往復し、汎用取組を行っている。1880年代の松方デフレ、直接回往復し、汎用取組を行っている。敦賀の拠点にしている。

北海道の産地で購入している。

福井は富山ほど米作は盛んでない。1880年代に、北海道と大坂に拠点を移した右近家や中村家を除き、北海道の魚肥は伸びなかった。1890年代は絹織物業が発達したことにより、北海道三国の業から撤退した。

幕末期に御用金が少ない三国の森田家、敦賀の大和田家は、個人銀行

を設立した。富山のように、近代紡績、人造の肥料の設立はなかった。

10　近畿地方の北前船

北近畿の船主で、北海道への進出の和船船主は9軒であった。それらは宮津湾内の湊に拠点を置いて北海道へ進出した。丹後地域が縮緬産地であったため、原材料や製品の問屋の注文により、それらの原材料や製品を積載し運搬した。小室・糸井家は、原材料を東方から移入した。宮津は宮津の城下の湊を御用として利用し、三上家は近代に入ると西洋型帆船で北海道交易を行い、瀬戸内海産の塩、北海道産の魚肥を対象として取扱った。

但馬国は東但馬で有力な船主が出ており、その多くが土地に投資を行った。藤田家は遠隔地の交易をしている。豊岡の瀧田家、安木の宮下家のように銀行設立の例もあった。豊岡藩の城下での瀧田家だが、自立性はある程度あって、下り便として、域内で塩・砂糖を購入し、米子では綿を購入し、越後・東北で販売していた。登便として、秋田・庄内で米を購入し、瀬戸内海・畿内で販売している。下りで塩が増加、綿が減少している。そのため北海道産を塩で加工して畿内・瀬戸内海に運搬している。瀧田家は土地取得と銀行の設立に向ける。地域振興は弱く、家業・家産へ指向している。しかし、豊岡で、銀行以外の大規模は不可能であった。地域貢献は銀行に限定される。三丹電気が設立されるも、豊岡銀行と豊岡貯蓄銀行の設立に尽力している。松方デフレ後は、豊岡銀行と豊岡貯蓄銀行の設立に

11　中国地方の北前船

　東北～北陸の多くは、近代に撤退した。しかし、汽船は各地間の格差を縮小する一方、帆船の海運市場を拡大した。とくに、山陰では、鉄道網が1910年代まで遅れており、そのため地域内海運が発達し、のちに北海道への進出を果たし、山陰に拠点を置く新たな帆船の船主の参入であった。西洋型帆船の新造のコストが安いこともあった。

　山陰の船主は、越後国出雲崎湊と石見国浜田湊に拠点を置き、北海道に渡る運行は数軒のみであった。浜田湊の大仲屋は、石見に出店を置いて新潟との交易に従事した。北陸では、半紙・蝋・鉄を販売したが、潟の北陸、島根・山口に、集中して事業を展開した。大谷家は、島根県産の半紙と鉄を買い入れて、長門国・石見国買い入れは材木・米であった。

　但馬の安木の宮下家は、土地取得し、地主経営に専念し、廻船の経営から撤退している。中規模な港湾経営を行い、佐渡島を中継し、山陰と北海道・東北地方の間の下り便で瀬戸内の塩、島根県産の半紙を扱い、登り便で北海道の数の子・昆布、東北の米を扱っている。

　北近畿の船主の多くが、瀬戸内海の塩、山陰の綿・鉄・半紙を東北・新潟へ運搬し、一方で東北の米を北近畿・山陰で販売している。三上家のように、農業で魚肥を使わず、米飯需要が多い伝統産業から、米の需要が多い、対象に行き来は少ない。北海道産の魚肥と瀬戸内海の塩を、とくに東北米の北海道・東北、北近畿・山陰地方の便が多い。

の特産品を藩専売制で領主経済との結び付きを強め、山口瀬戸内海では塩を買い入れて、秋田・山形・新潟で販売し、秋田・山形・新潟で、米を仕入れ、島根・山口県域で販売した。赤間（下関）では多様な商品の売買をしている。ここでの主な取引先は油屋で、積み荷を油屋に預け、為替金の融資を受けている。委託販売契約も、山陰～北国～赤間の三角交易で距離を短縮している。地元は鉱山業が活発で、そのため鉱夫への米需要（長門・石見での）があり、北国で米を安価で多量に仕入れて地元で販売した。そのために北海道への進出が不要であった。

西洋型帆船での朝鮮半島で交易が盛んになり、浜田では地元産の材木・焼物・瓦・竹の運搬を行った。1880年代の浜田を含め、相次いで開港場を開設した。船主は、19世紀末には、汽船運賃積経営より西洋型帆船を指向した。山がちの山陰は耕地が少なく、その西洋型帆船には買積経営を指向した。山がちの山陰は耕地が少なく、そのために、石見の鉄、米子の綿、石見国の半紙、山陰全体の蝋など、多様な特産品を扱い、そのために米飯需要があり北海道の魚肥より米を扱った。

近代以降は、地域間の価格差が残されていた北海道物の取引に集中していった。20世紀初頭に朝鮮との交易を行ったが、それは北陸の多くが北海漁業に進出したのと軌を一にする。

12　瀬戸内海地方の廻船問屋

兵庫県では、高砂港・飾磨港、広島県では、尾道港・宇治港、徳島港では、撫養港・徳島港が、主要港であった。岡山・香川・愛媛では、1880年代に大きな港湾は存在しなかった。

大阪商船の定期汽船網で、寄港地の吾川の高松港、多度津港、愛媛の今津港、三津浜港が発達した。多くの港湾の移入に、北海道の魚肥（ニシン〆粕、羽ニシン）が多く、徳島の撫養港は瀬戸内で最大であった。そこでは北海道からの移入が過半を占めていた。岡山の玉名も、移入の大半が北海道からである。これと対照的に岡山港・尾道港・徳島港は、米・呉服などの生活必需品が移入の大半で、北海道とのつながりを持たなかった。

広島県の鞆港は、潮待ち港で、備後国福山藩城下の外港であった。後背地は生産性の高い耕作地で、鍛冶業が盛んであった。移入品は米・大豆、ニシン魚肥、洋鉄。移出品は鉄製品、繰綿が占めていた。荷受け問屋の片山家は、越後・秋田米、北海道のニシン魚肥、5〜6月に米、8〜11月にニシン魚肥を扱った。取引相手は石川県や富山県の船主が多い。北海道〜瀬戸内海を年2往復も。和船の買取船も見られた。90年後半以降は、石川県南部・佐渡・北海道船主との取引に変化した。1900年に、片山家は、経営を止めている。90年代は、石川県湊の熊田家、江差の永瀧との結び付きもあった。

徳島県の撫養港は、徳島藩の主要港であり、主産物の塩と藍〜大坂と江戸で販売した。移入品は、藍昨向けの北海道の魚肥であった。撫養港で入港の北海道の魚肥は、兵庫と越前国・加賀国の船主が多かった。入津の兵庫の船主は小型で、各地の肥料を撫養港に積入れて、畿内と瀬戸内海を小型で何回も往復した。一方、越前国・加賀国の船主は、大型船で畿内・瀬戸内海から北海道まで、北海道の魚肥を撫養まで運んで販売した。19世紀前半までは、いったん、兵庫・大坂まで運び、近隣の撫養などに再輸出し、19世紀の後半には、撫養に直接に移入する体

制を取った。1830年代には、手船で藍玉・砂糖・塩・米・肥料を扱っている。山西家は土地を取得し、酒造などの多角経営を行っている。肥料を扱い、北前船との関係を持った。1860年の前半以降、それまでの加賀国橋立や越前国の三国との取引から、石川県の橋立に加え、福井県河野の右近との取引に変えた。北海親睦会の参加船主との取引も行った。撫養は近代前期に、瀬戸内海地方で有数の北海道の移入港になった。

13　畿内地方の廻船問屋と北前船

大坂では、19世紀に入ると北海道の魚肥を中心に扱う荷受問屋が新しく登場し、東組松前問屋を結成した。1841年の株仲間解散命令により松坂問屋となったが、松坂荷請所と名称変更のみであった。大坂市場での肥料取引の内実には変更はなかった。

1855年に、幕府により蝦夷地が直轄された。1857年に箱館産物会所が設置された。これにより北海道の流通統制がなされ、会所が集荷した産物の販売場所が限定された。これにより本性での販売場所として、江戸・大坂・兵庫に産物会所が設置され、大坂では松前問屋の13軒が会所附仲買、取扱高の3％を上納し、これに対し、問屋は6％の上納をした。これにより問屋・仲買が反発し、このため1861年に会所附録仲買が廃止され、藩札による営業となった。取り扱いの中心が北海道産の肥料であった。1868の明治維新で、箱館の会所が復活し、松坂問屋は自由売買を要求し、これによって1860年に会所扱い仕入れ品以外の自由

売買となった。だが多数の新興商人による独自の取引による混乱を生じた。一方、江戸時代以来の大坂廻船問屋は不正取引の排除を目的として、1873年に諸国荷受問屋組合を結成し、荷受問屋一組が結成され、北前部から北海道産物を引き受けて仲買商に売却する体制を取った。これとは別に、荷受問屋もこれに加入した。これがために商取引の慣行差異が生じた。18松前問屋もこれに加入した。これがために商取引の慣行差異が生じた。18屋一組が結成され、北前部から北海道産物を引き受けて仲買商に売却する体制を取った。1870年に大阪港に荷揚げした北海道産物の中心的な取引相手は、この廻船問屋を通じて取引を行った。

大坂では、この荷受問屋一番組から魚肥を購入する仲買商として仲間組織の肥料商仲間組織を結成し、お互いに契約を交わした。問屋一番館は、肥料のすべてを肥料商の仲間に販売した。値段は、荷受問屋と肥料商との間で決定し、手数料を引き、北前船の船主に代金を支払う体制を取った。荷受組合と北陸親睦会間での取り決めであった。大坂北海産荷受問屋と北陸親睦会での交渉は兵庫・撫養・徳島での交渉になり、これは大坂での取引慣行であり、瀬戸内海や大阪湾と廻船問屋との基準となった。

兵庫は1769年以降に幕府領となり、諸問屋組合が結成された。1888年頃は、70軒の組成であった。兵庫湊が北海道の海産物の扱いで発展する。発展する契機は1976年の幕府による第一次蝦夷地の直轄によってであった。ここに本店を置く高田屋は函館に進出し、幕府の蝦夷地定雇船頭となった。19世紀の初頭に、最大の場所請負人として兵庫で売り捌きにより、北海道と兵庫との関係を強化した。北風が、蝦夷地産物売捌方に任命される経過を辿ったが、大坂に匹敵する北海道産物の移入港としての兵庫があった。

高田屋は1831年に密貿易の嫌疑にて取りつぶされるが、兵庫港の繁栄は継続。大坂仲買商＝大坂松前組仲買は、大坂以外の地域からの買い入れを黙認されたが、それは手数料の多さに取り荷物の減少も背景にあった。兵庫の問屋・仲買と大坂湊の仲買との抗争や、兵庫に箱館産物会所を開設したことで大坂同様、そこでの高い手数料によって北前船は、会議所がない湊での取引を行った。これは撫湊・和泉国の貝塚湊での取引もその例である。幕末は、全体に魚肥の増加で増加分が大阪湾へ移った。近代に兵庫でも問屋仲間と仲買仲間が結成された。兵庫湊で1870年以降に移入が中心で推移したが、建され問屋仲間と仲買仲間が大阪湾へ移った。

1880年・1890年代に変容し、1889年時点で、兵庫湊以外でも網盛他、多様な扱いになった。他、山西家、貝塚湊でも扱った。近代以降もそうである。

貝塚湊の廣海家は、仲買商に仲介する荷受問屋を経営した。北海道と北東北の魚肥を扱い、西廻りの航路を取った。秋田・庄内地方・越後地方の米も扱い、それに加賀国の船主が多くかかわる。直江津・糸魚川の船主は高田藩領の米を扱い、魚肥では陸奥国の野村家が南部領の魚肥、加賀国・越前の船主は北海道産の魚肥を扱い、廣海も積み荷は多様であった。産地に対応して貝塚湊で取引を行った。廣海家は肥料の大部分を貝塚の仲買仲間商人に販売した。周辺の諸湊から入港したものが大坂に再輸出。大坂の松前問屋と兵庫湊の問屋との競争を生じ、その結果、廣海家の手数料は大坂より安く設定し、集荷した。近代には、廣海家はもっぱら魚肥を対象とし、貝塚がその過半を占めた。自前の手船が主要な運搬の主体であった。野辺地と貝塚間の往復は、松方デフレで海運

14　汽船海運業と北前船

　明治中期には、自ら、大型化して汽船賃積になった北前船の船主が登場した。廣瀬家、大家家、右近家は、日本郵船や大坂商船に次ぐ大型汽船の所有数となった。次いで北陸親議会加盟の船主が占めた。1890年代には、日本海運の大型化が普及した。1907年に大阪商船は急速に拡大している。日清戦争後に政府命令航路の台湾ルートを開設し、日本郵船に次いで大型化を促進した。個人汽船船主船では、緒明家、廣海家が個人としては最大級であった。個人の比率は低下していった。浅野家が東洋汽船を設立し、大家が大家商船合資を、馬場家も馬場合資を設立した。加賀国の廣海家と大家家、加賀国の浜中家、越前の右近家、越中国の馬場家の５大船主は、大型汽船を所有していた。

　浜中家は、20世紀の初頭に汽船を手放し、海運業から撤退していった。それ以外の４家は、1914年にも継続した。富山県の馬場家は富山県の海運会社の設立に関与した。福井の右近家は1902年より汽船を所有し、それ以降は急速に展開した。個人で最大となった。だが、日露戦争1914年の時点で福井丸のみ所有する事態となって、結局、日露戦争日露戦争で急落した。1914年の

　を終了した。1890年になると汽船を利用し、直接に北海道から買い入れを行い、魚肥の取扱量は減少した。取り相手も石川の船主となり、青森県魚肥でなく、北海道の魚肥がほとんどを占めるようになった。

で自沈した。小樽での漁業は倉庫を有し継続した。5大船主以外も、汽船経営は存在した。富山の南嶋家の汽船経営は中越汽船となり、だが、廣海家の活躍で縮小する経過を辿った。規模が小さいが継続している。

北海道に拠点を置く船主が、共同出資本の仕組みをとっている。函館に拠点を移した石川県の西出孫家、近江国の藤野家など、所有汽船がみられ、函館を拠点に経営したが、最終的に売却した。福井県の大家家は、明治期に北海道での漁業経営に転換した。能登国の西村家は、函館に拠点を移し、共同運営で樺太航路の経営を行った。

廣海家は石川県の船主で、1893年に日本郵船、大坂商船に次ぐ汽船を大型化した。だが、中心が西洋型帆船でそれを補完した。日本郵船からの購入の大型帆船を期に転換し、1893年に汽船運賃経営を本格化した。だが、1890年代においても帆船の買積みは継続した。三井物産の委託販売を行い、本州の肥料商の汽船運賃積みを積極的に利用している。日清戦争での勝利に乗って朝鮮や満州へと進出し、十分な輸送量により定期便を定着させた。廣海家は1904年から本格化し、海外へと進出している。香港、ロシアの領内への進出であった。買積の縮小と貸し出しも含む汽船の経営を行っている。

石川の大家家は、買積形態で拡大し、汽船の購入で、三井物産の委託を行っている。小樽に店舗を設置し、1900年に自らの汽船で日本海一周の定期航路、ロシアと朝鮮を結ぶ独特な航路を開設している。日露戦争後に、この路線の一部は逓信省命令航路になって大坂商船に引き継がれた。後、北日本汽船が路線の担い手となった。廣海家と大家家はかなり後まで継続するも、浜中家・馬場家は撤退した。馬場家はしばらく継続するも、純粋の汽船賃積の難しさか

ら、北海道での漁場を所有し漁業経営に専念した。中規模の汽船を所有し、共同出資も、19
10年代まで継続している。だが、1920年の大恐慌で暗転し、ほとんどの北前船船主は撤
退し、幕を閉じた。

Ⅲ　司馬遼太郎の史観と江戸期の財政・経済構造

1　司馬遼太郎の史観と高田屋嘉兵衛

　司馬遼太郎は一般には歴史小説家と認識されているが、この分野も厳密には、史伝小説、歴史小説、時代小説に分けられる。司馬遼太郎は『坂の上の雲』や『竜馬がゆく』に代表される史伝小説が多いように思われる。この本で取り上げている『菜の花の沖』も、それに近い。しかし、時代状況をとらえ、克明に歴史の検証をしている限り、歴史小説でもある。全く架空のフィクションが時代小説だとすれば、それではない。時代の変革期をとらえ、決して絶対的英雄ではないが、その時代に大きく関わる人物に焦点を当てて、その主人公の生き様を歴史の展開とともに描いている。時代のダイナミズムや社会の変動を描く動態の文学となっている。社会と時代にさいなまれる人物が描かれている。

　江戸時代の鎖国の状況であり、幕藩体制の財政の基調は米をベースとした公租であったが、百姓は商品作物を耕作し、それを販売して貨幣収入を得て、消費物資を購入した。諸大名は余剰米を大坂に搬送し、貨幣収入を得た。当時、封建制のもとで、その代替の金納も認められた。商品経済と貨幣経済への移行期であった。この流通体制を広め、幕藩体制を崩壊させた一因は、

北前船の活躍であった。島原の乱を契機に、徳川政権は家光の代に鎖国体制を敷く。司馬遼太郎は、島原の乱が純粋のキリスタンの反乱であることを否定する。たまたま、百姓の反乱軍にキリスタンが混じっていたと解釈する。このように時代の変革期に焦点を当て、その時代に関わる人物を描いているのも、司馬遼太郎の小説の特徴だ。

人物像の描写も、当時の社会構造との関係で克明に描かれている。封建制の身分制度の多様性と、その制度の下でのいじめと社会の歪みを明らかにしている。郷土の淡路島での身分制度での差別と偏見。士農工商の身分格差と比較的自由な船上生活。それでも、身分格差が存在する。

高田屋嘉兵衛は、下層の者にも優しく対応する。

高田屋の社会的活動の特徴も、浮き彫りにしている。廻船の本業に夢を描くも、それを本格的にやるには株仲間になるしかない。その制約の中で、伝手がない高田屋は蝦夷に進出する。やがて、未開拓の蝦夷の航路も開拓する運命を辿る。最中、捕虜の災禍に遭う。回送された国禁を犯した日本に上陸し、交渉を余儀なくされる。身分格差の中で、町民の身分でロシアとの交流の橋渡しを行う。国禁ずるを犯す最悪の状況下で、死をかけてロシアを公式の通商の和の中に取り込む意気込みで交渉を行う。当時、公式には長崎が交易の窓口だが、実際には、蝦夷、琉球、対馬の窓口が開いていた。とはいえ、それらの窓口で交易をやると密貿易であった。わかると、漂流民、外国からの流入と同様、処罰の対象となった。拘禁と搬送、交渉の過程で、彼の人柄はロシアの高官に感銘を与える。また、国禁を犯したにもかかわらず、生前には武士の高官の高橋氏から無罪放免の措置を受けている。

人物像の描写は、ゴローニンの著作の紹介にもある。船上で運命をともにしたゴローニンの『日本幽囚記』には、言葉に嘘がなく、快活で度量が大きく、聡明な人物と評されている。信義の人でもある。また、はじめ捕虜の代表になるとの意向を示す等、部下に対する思いやりがあり、船上の下層の炊に慰労の声をかけるなど、人情が厚かった。アイヌを酷使する松前藩に対しては義憤を示すなど、正義の人でもあった。

一時、放免されるが、後継の代には、やはり国禁の罪はつきまとい、高田屋は財産を取りつぶされる。その後、北前船は、流通の全国統一とともに終焉を迎える。このように、鎖国体制で、幕末の激動期に、幕藩体制を切り崩した貨幣と商品経済、流通の一角をなした北前船を取り上げ、一庶民の高田屋嘉兵衛が対口交渉を行う運命の壮大物語を、司馬遼太郎は作り上げた。激動期の劇的な役割を果たした一町民の主人公に、彼の独自の史観を見る。

2 江戸の財政・経済構造

江戸幕府の財政的基盤は、領地からの年貢が基本になっている。年貢の負担者は土地を持つ百姓である。個人としてではなく、土地の売却を禁止し納税者の数の維持をはかった。囲い込みの統制の典型は田畑永代売買禁止令であり、年貢は村全体として一括納付した。分割制限も出され、相続による土地の細分化を防いだ。この本百姓の下には、土地を持たない水呑百姓が従属した。収穫の40〜50％を税として納めさせるのが一般的な仕組みだが、具体的な租税率は、

秋の収穫量を調査して増減させる検見取法を採用した。本年貢は米で納めるのが原則だが、銭納も少なくなかった。耕作地が増え、生産性が向上するにつれ、年貢の金納や金肥が増え始めた。本百姓の中には手工業や商業経営に乗り出す者も出始め、耕作物も商品作物も増える。土地を手放す本百姓も出て、少数の豪農と多数の小百姓・水呑の階層分化が進んだ。税は、本税のほか、山野河海からの収益や副業に課す小物成、石高に応じて課せられる高掛物という雑税、夫役としての土木工事の人足税、公共交通に人馬を提供する伝馬役などの租税もあった。土地の等級は４つのランクに分けられ、等級の査定を石盛と呼んだ。その上で、面積に応じて石高を算出した。積算し、大名の石高が可視化された。兵農分離で、一地一作人の原則と身分が確立した。天皇や朝廷が軍事的な権力を持たないよう定め、天皇が行うことは第一に学問であると定めた禁中並公家諸法度、一国一城などの大名を統制するために定めた武家諸法度、後のその参勤交代の取り入れ、大型船の保有と建造の禁止などで、内乱での反抗を抑制した。参勤交代は大名の１年ごとの自分の領地と江戸の間の往来を義務づけ、諸藩の大名は旅費や宿泊れへの多大な費用がかかった。江戸に妻子を人質として残す制度は、藩の反抗を防ぎ、藩の財政力を低下させる手立てだった。

　外に対しては、公式に長崎の出島にオランダとの交易の窓口を設け、清国に唐人屋敷での交易の窓口を限定し、それを長崎奉行の管轄とした。だが、実態は完全な閉鎖でなく、このほか、松前藩、薩摩藩、対馬藩、長崎の４つの窓口を設け、そこでは周辺地域と貿易が行われていた。

　松前藩はアイヌとの交易を行い、琉球は薩摩藩の島津家の征服を受け、清国や明国に貢物を

送っていた。松前藩は、首長のシャクシャインが率いるアイヌ勢力が反乱を起こしたが、シャクシャインは暗殺され、その後、アイヌは従属を余儀なくされた。対馬の宗氏は朝鮮の窓口となり、朝鮮との交易を展開していた。

しかし、蝦夷経営が幕府の財政を圧迫し、日露関係の緩和を見て、幕府の直轄地となった。蝦夷は18〜19世紀頃、ロシアが蝦夷地に接近し始めたので、幕府の直轄地となった。

高田屋が活躍するのは、その前後である。鎖国は三代将軍の家光に返還する経緯を辿っている。幕藩の初期には、積極的な外交や貿易政策がとられていた。これが変わったのは、キリスト教の脅威であり、侵略される恐れであった。それは、島原の乱で警戒が強まり、家光以降、鎖国体制が敷かれる。

江戸の貨幣制度は、江戸を中心に東国は金貨、大坂を中心とする西国は銀貨を用い、金の評価を基に、交換比率が定められていた。相場は変動し、交換のために両替商が機能した。江戸は将軍のお膝元で、大名などの武士と家族が参勤で集まる消費地、一方、大坂は商業都市として栄える。物流は、主に大坂から江戸に向かった。大坂には諸藩の年貢米や特産品が集積され、いったん藩の蔵屋敷に収納され、蔵元と呼ばれる藩の委託商人によって換金され、掛屋と呼ぶ蔵元に送金した。多くの蔵元と掛屋は、同一の両替商を兼ねて出納を担う商人の求めで、蔵元に送金した。これらの蔵物と納屋物は、問屋商人によって仕入れ、事後、仲買への卸し、小売商と流通された。大坂に集積された物資の大半は、江戸に廻送されるが、この仲介を一手に引き受けるのが、巨大な積荷問屋組織としての二十四組問屋であった。二十四組問屋は、同海路を往復する菱垣廻船や樽廻船に物

農民や手工業者からは、納屋物と呼ばれる商品も大坂に集まった。

60

資を積み込んでそれらの品物を江戸に運んだ。一方、江戸に着いた積み荷は、十組問屋という荷受問屋組織が引き受けた。一七三〇年には、運航の効率上の必要から十組問屋から酒問屋が抜け、酒造専門の樽廻船を運航するようになる。買積み北前船は、各地間の価格差を利用して、蝦夷と江戸・大坂間の運航など、ハイリスク・ハイリターンの独自の航路に就航していた。豊臣政権下での兵農分離政策以降、武士が居住する城下町を中心に町が発展していたが、参勤交代は五街道の整備と陸上交通路の発展をもたらした。貨物は基幹路の海運によって、結節点からの輸送は水運を中心に陸運が補完して行われた。

幕藩体制は財政の窮乏を深め、米社会を基盤とする農村と武士の経済、お金を基盤とする商人や手工業の経済構造との矛盾が商業の発達とともに深まり、貨幣経済が浸透し、社会構造を変えていく過程としてとらえられる。農具は改善し、収穫量は大幅に増加していき、一方、商品経済が浸透してくる。しかし、幕府の財政は困窮を深めていった。幕府の財政を立て直すために、享保の改革、寛政の改革、天保の改革の三大改革がなされた。まず、それまでの経過について検討してみよう。

家綱が四代将軍になるまでの家康、秀忠、家光の時代は、武断政治といって多くの大名が粛清され、領地の削減などがなされた。具体的には、取りつぶしにあたる改易、領地の削減にあたる減封、領地の配置換えにあたる転封があった。その理由の一つが、跡継ぎの消失であった。幕府によって領地を与えられ大名たちは、徳川家と血のつながりがある親藩、関ヶ原の戦い以前、三河の地方大名の頃から徳川家に従っていた家臣から大名になった者を譜代、関ヶ原の戦

61

いを契機に徳川家に従った者を外様と位置づけられ、親藩や譜代には幕府運営の重責を与え、外様に対して大国を与えるが、地方に配置し、幕府の政治運営に関与させなかった。家光の武断政治の典型は、参勤交代である。大名の妻や子供を江戸の屋敷に住まわせ、大名自身は1年サイクルでの江戸と領地の往復を余儀なくされた。領地も、全体の4分の1は、幕府の直轄領とされた。1万石以上の領地を持つ大名と1万石未満の領地を持つ旗本の監視役として、大目付と目付を置き、大目付は老中に従って大名を監視し、目付は若年寄りに従って旗本やご家人を監視した。さらに、寺社奉行、町奉行、勘定奉行を置いて、秩序の維持にあたった。京都には京都所司代を、重要な城には城代を置いた。こうした行政組織の完成も、家光の時である。

鎖国令もそうで、完璧な防御態勢を敷いた。

その後、幕府は学問を盛んにし、藩の政治に力を入れる文政政治に転換する。将軍の命令を老中に伝えるために側用人を置き、側用人政治をも行う。綱吉の頃、幕府は財政難に陥る。そこで、質の悪い小判を量産し、激しいインフレが生じる。農業技術の進歩と耕地の拡大により、それで、質の悪い小判を量産し、激しいインフレが生じる。農業技術の進歩と耕地の拡大により、米相場は下落していった。様々な商品の登場と商業の発展で幕府と藩の財政は悪化し、武士と農民の生活は窮乏していた。そこで、幕府は三大改革を行う。

最初は、享保の改革である。享保の改革は八代将軍の吉宗が行ったもので、新田の開発を推奨し、米の収量を増やした。農本主義で、米の増産と米の租税収入によって、財政の建て直しをはかった。また、参勤交代の江戸在府期間を半年として、大名に石の1%を上納させる上米の制をとった。これによって、幕府の財政難は一時的に改善された。だが、米に頼る一本足の

財政は、不作の影響を受け、飢饉の発生での一揆を招いた。次の十代将軍の徳川家治の時代には、老中の田沼意次が実権を握る。ここでは米依存の弊害をなくし、商人にお金を稼がせ、そこから、お金を税として徴収する政策に転じた。株仲間の積極的な公認や輸出の振興をはかった。同時に、賄賂が横行し、政治も腐敗した。天明の大飢饉と浅間山の噴火などの凶作により米価が高騰し、政治に対する不満から打ち壊しも頻発し、田沼意次は失脚した。

寛政の改革は、十一代将軍家斉の治世で、老中だった松平定信が行った改革である。米による年貢の確保を重視し、支出を倹約令で引き締めて、農村の復興をすることが政策の中心だった。全国の大名に対して、凶作に備えるため１万石あたり５０石の米を備蓄させる囲米をさせ、町人にも七分積金をさせ、町の運営のために使う費用を節約させ、その節約させた分の７０％を積み立てさせて、飢饉などの非常時の備えにさせた。また、旧里帰農令で農村に帰っての耕作を奨励した。また、江戸の石川島に人足寄場を作って無宿人に技術を学ばせ、手に職をつけるようにした。反抗を防ぎ、一揆を沈静化させる方策とも考えられる。武士たちに対しては棄捐令を出して、商人に対し武士たちへの貸し金を放棄させた。民衆に対しては厳しく、反感を買い、松平氏は失脚した。寛政の改革以降、家斉が実権を持つ大御所時代が続く。ここでは、寛政の改革の反動から家斉の贅沢が嵩み、社会全体のゆるみが出るようになる。金の含有量を減らした悪貨が乱造され、物価が高騰し、治安が悪化する。これで、関東取締出役も設定される。毎年の凶作も続く。最大の凶作が天保の大飢饉で、貧民の救済と幕府政治の転換を訴えて大塩平八郎の乱（武装一揆）が起こる。大御所時代は、世界史的に産業革命期にあたる。ロシ

アの使節のレザノフが長崎に来航し、国後島に上陸したロシア軍艦の艦長のゴローニンが日本側に逮捕され、イギリス軍艦フェートン号が長崎港に侵入する事件が起きている。レザノフに関わる高田屋嘉兵衛の経過は、ここに該当する。

次いで、天保の改革は、十二代将軍家慶の治世で、老中の水野忠邦が行った改革である。文武・倹約を奨励し、厳しい風俗の粛正を行った。物価高騰の原因が株仲間の独占にあると考えて、株仲間の解散を行った。1843年には、江戸と大坂の十里四方及び大名の飛地を天領とし、農民が商業や副業に従事することや、江戸在住の農民が江戸の人足寄場に入ることを禁じ、帰村を命じる上知令も発した。しかし、これらの一連の施策の効果はうまくいかず、幕府の財政難は続いた。

1853年、ペリー率いるアメリカ東インド艦隊のいわゆる黒船が浦賀に来航した。翌年に再来航したペリーは、日米和親条約の締結に成功した。来航は、捕鯨が目的であった見方が強い。その後、下田にアメリカ総領事のハリスが赴任した。幕府は、強硬なハリスの要求に苦慮する。時の孝明天皇は異国嫌いで、朝廷や諸大名にも攘夷論傾向が強かった。だが、大老の井伊直弼は、天皇の許可がないまま、日米修好通商条約の調印を強行した。井伊直弼は、徳川家茂を強引に後継者としたために、一橋慶喜を後継者に推す一橋派から開国反対派だけでなく、開国反対派に対して弾圧を行った（安政の大獄）が、水戸藩の浪士などから暗殺される（桜田門外の変）。権威を失墜した幕府は、朝廷と提携する安定政局を狙って、公武合体論による幕威の回復をはかる。

64

この頃から、幕府に代わり、雄藩と称される一部の外様の発言力が増していく。それら雄藩は、幕府の力が衰えていく一方で、藩改革で実力を伸ばしていった。その代表格が薩摩藩であった。薩摩藩は、調所広郷が藩政改革を担当した。奄美大島特産の黒砂糖の独占的販売を強化し、収入を増やす。商人からの藩の膨大な借金を無利子の長期分割で返済する交渉に成功する。長州藩は村田清風が藩政改革を担当する。同藩は日本海と瀬戸内海の中継点の地理的優位性を生かして収益を上げ、藩の借金の返済を延ばす交渉を行った。佐賀藩は本百姓の再建をはかるために地主からいったん土地を没収し、百姓に均等に土地を与える均田制を実施した。また、工業化も手がけ、反射炉と大砲の製造に成功した。土佐藩や水戸藩も改革に力を入れ、藩としての実力を増していった。

日米修好通商条約の締結により、横浜、長崎、箱館で貿易が開始され、当初は大幅な輸出超過で、国内では品不足から激しいインフレが生じた。金と銀の交換比率の不利益もあって、金が大量に流出した。経済の困窮は、外国人を敵視する攘夷運動を高めた。薩英戦争などを含む事件があるが、圧倒的な欧米の軍事力を目のあたりにして、薩長の雄藩は攘夷を改め、倒幕へと舵を切る。薩長同盟の成立など、藩論が開国・倒幕に統一され、朝廷でも倒幕派の公家が勢力を強めた。十五代将軍の徳川慶喜は、1867年、朝廷に政権を返上する大政奉還を申し出た。倒幕派は慶喜を新政府から排除するために、王政復古の大号令を発した。事後、旧幕臣は戊辰戦争では北進しつつ抵抗を続け、終焉を迎える。

江戸は、まさに貨幣経済と商品経済への過渡期。この中で、鎖国は世界の航海時代で帝国的

なアジア攻略の時代であった。日本は孤塁を守り、長崎のみが公式の交易の窓口であった。交易の窓口は蝦夷にも開かれていたが、公式ではなかった。高田屋は、国禁がある中で、日露交易交渉の橋渡しをする。やがて鎖国が解け、幕藩体制も危機に瀕し、崩壊への道を辿っていった。

3　鎖国と密貿易

　鎖国時代、完全に外国へ窓を閉じていたわけではなかった。公式の長崎の出島のほか、対馬、琉球、蝦夷の窓が開いていた。

　抜け荷は抜船に由来する。江戸時代には、抜船という一般用語がぬけがけの意味で使用された。対馬藩の朝鮮との密貿易が抜船と称されていた。幕府は、この密貿易の一般化につれて、次第に密貿易を抜け荷と言うようになった。鎖国令の禁制を破って犯す私貿易である。

　これに武器禁輸違反が加わり、処罰を受けた。

　抜け荷の背景には、なによりも鎖国による貿易の抑圧がある。それと、藩財政の建て直しと再建の取り組みがあった。密貿易は、公貿易に支障を与える。雄藩の薩摩は、琉球を介して藩ぐるみで交易を行い、蓄財したと推定される。

　抜け荷の主要ルートは、対馬ルート、琉球〜薩摩ルートがある。抜け荷の舞台は、山川、入り組んだ入り江などであった。検査を回避するため船の荷を積み替え、海上での取引もあった。

対馬は朝鮮人参の取引が多い。一方、琉球～薩摩ルートでは、輸出では俵物と称される海産物が多く、輸入では唐物、薬、絹織物も多かった。

品目では、金、銀、銅の貴金属があった。銀は中国が求めた。アジアの貿易では銀は重要であった。オランダは金を求めたが、幕府の貨幣の改悪で、その小判への魅力は低下していった。

貞享の貿易制限令も作用した。銀の取引も低下した。一方、中国では銅をやめて、銅銭の密輸は続いた。やがて取り締まりがなされ、小口の取引になったが、輸入量も多かった。生糸も大量に輸入された。

絹織物や反物の輸入品は、高級品で国民の嗜好が強く、輸入量に代表される朝鮮人参をはじめ、四百四病の薬た。薬も大量に輸入され、対馬ルートに代表される朝鮮人参をはじめ、四百四病の薬が輸入された。これも輸入制限の経緯を辿るが、社会と生活の必要性から、密輸継続は収まらなかった。密輸の輸出品目で多いのが、俵物と言われる海産物であった。蝦夷産の物を中継の船に積み替えて、輸送した。なお、琉球を介した薩摩の密貿易では、黒砂糖が多かったと思われる。輸入では、絹織物、唐物などが主体をなしている。

刑罰は、時代によって差がある。初期の厳刑から寛刑体制へと転換し、さらに厳刑へと回帰している。初期には、死罪、連座・縁座等があった。武器の禁輸は、寛永に出されている。寛文年からの厳しい刑罰は、しばらく続く。だが、享保の吉宗になると、死罪をやめて、寛刑へと転換させた。だが、寛政の松平定信の下で厳刑に戻る。死罪、投獄、財産没収等、多様な刑罰の等級があった。厳刑の背景には、長崎での交易への影響があった。また、外国の取引相手が処罰されることもなかった。だが、処罰には、大名が対象になることはなかった。

抜け荷の代表的なものに、薩摩藩の例と銭屋の加賀藩との関係事例がある。薩摩藩では、財政難の打開のために、改革・財政再建の責任者となった調所笑左衛門のもとで、偽金づくりと琉球を隠れ蓑とする密貿易が行われた。藩が唐通事を特設しており、密貿易は藩の経営とみなしうる。裏日本の海上での密貿易で得た俵物を元手に大量の唐物を手に入れ、これを売りさばいた。

薩摩藩は、唐物方という役所を設け、役人を琉球に派遣し、年々、唐物を注文した。琉球船が福州に持ち帰る商品は、薩摩藩が下関や大坂などで買い求め、琉球船はこれを福州に設置されている琉球館を介して、中国側に販売した。輸入品を藩外に持ち出してさばくことは禁制であった。

幕命はあったが、琉球のための日本の安泰を口実に守らなかった。幕府の態度が厳正を欠いたのは、島津と将軍筋との縁戚関係にあったとされる。財政改革は密貿易の依存によった。にもかかわらず、薩摩藩の密貿易は開国条約が締結されるまで続いた。幕末から明治以降のこの藩の活力の源泉は、密貿易による富の蓄積であったとみなされる。

今一つ、密貿易の代表例とされてきたのが、銭屋五兵衛の事件である。海運業を営む豪商で、加賀藩ぐるみの密貿易が指摘されている。河北潟の埋め立て工事での不正の摘発の経過の中で、密貿易が発覚した。伝えられる活動の話は、日本の周辺だけでなく、遠く米国大陸や南半球のオーストラリアまで広域にわたっているが、確たる証拠はない。ただ、ロシアを相手とした取引、樺太で密貿易等の可能性は否定できない。処罰は、幕府に嫌疑が明らかになる口封じのた

特産品の黒砂糖の価格も下落しており、毒殺するに至った。砂糖の販売は薩摩の独占で

めに、埋め立ての不正を全面に出したとの指摘がなされている。

山陰の浜田藩の場合は、密貿易が露見してしまった例である。御用商人の会津屋と手を組んで朝鮮の鬱陵島に船を派遣し、朝鮮王朝との密貿易を行った藩ぐるみの取り組みは、藩の財政改善のためだった。これには、首謀者の切腹、斬首等の処分が下っている。

高田屋嘉兵衛だが、死後、ロシア船と抜け荷の嫌疑をかけられた。審議の結果、密貿易の疑いは晴れたが、密約「旗合わせ」の事実は指摘された。贅沢さに対する妬みもあるようだが、これらの嫌疑から、死後の次代に財産の没収、事業の廃業の処分が下されている。銭屋五兵衛の海運業への展開には、皮肉なことに、高田屋の没収になった船舶の購入も契機になっている。

以上のように、品目別で見ると金はアジアで価格が暴落し、日本での貨幣の鋳造の悪化で純度が低いために、輸出の主たる品目でなかった。ルートによって異なるが、琉球を介した薩摩では黒砂糖が多かった。国産で乏しい高級の絹織物、唐物が多かった。対馬ルートに代表される朝鮮人参等の薬とその原材料、薩摩ルートなどに代表される唐物なども輸入品の代表例である。処罰としては、死刑の極刑、投獄、資産没収など広範にわたるが、平民や身分が低い民には厳しく、藩の上層部には甘かった。なお、刑は本人だけでなく、縁者にも及んだ。また、幕末に従い、取引の双方に刑罰はなく、対外の相手国の取引人には刑罰はなかった。り締まりは尻抜けに縮小していった。

Ⅳ 高田屋嘉兵衛記念館の案内

　高田屋嘉兵衛の記念館は全国に2つある。1つは、彼が本店を置き、北風の支援のもとに事業を展開させた兵庫である。淡路島で瓦船に乗り慣れた嘉兵衛がお世話になったのが堺屋と和泉屋の下で、沖船頭として昇格し、自船を持つ。加賀藩が年貢米を下関廻りで大阪に送ったのが西廻りの創始とされているが、この米の輸送は、今の神戸市の兵庫区に拠点がある北風であった。やがて、北風家の力を借りて蝦夷地へと進出する。蝦夷の奥地を開拓し、航路を開拓する。

　高田屋をたたえる記念館は、一帯が三宮から高速バスで約1時間半、淡路島にある高田屋嘉兵衛公園として整備されている高田屋顕彰館・歴史文化資料館である。嘉兵衛に関する資料や北前船の模型などが展示されている。兄弟が力を合わせて事業を展開したことが知られているが、付近には嘉兵衛とその兄弟の墓があり、当時の風習から遺体は土葬されていると思われる。また、付近に阪神・淡路大震災で焼失した屋敷跡があり、そこには顕彰碑が建てられている。嘉兵衛が28歳の時に故郷である淡路の造船会社が当時、国内最大級の1500石の「辰悦丸」を建造したが、その復元模型が1986年に作られた。しかし、その模型はここにはなく、淡路島東海岸の「淡路ワールドＯＮＯＫＯＲＯ」に展示されている。また、神戸には、七宮神

上：兵庫県洲本市にある高田屋顕彰館・歴史文化資料館
中：高田屋嘉兵衛公園にある日露友好の像
下：「淡路ワールドONOKORO」に展示されている「辰悦丸」の復元の模型

社近くの旧入江小学校付近に高田屋本店の跡地もあって、近くの竹尾稲荷神社には高田屋嘉兵衛顕彰碑がある。

もう一つの記念館は北海道函館市にある。箱館は、事業の本格展開を行い、嘉兵衛が私財を投じて箱館の基盤整備を実施し、造船所を建造するなど、活動の拠点であった。ベイエリアの一角にある、その造船所の跡地に、2棟からなる箱館高田屋嘉兵衛資料館が1923年に建造された。

当時、3000戸の寂しい街を活性化させた恩人である。その資料館には、北前船と高田屋

北海道函館市にある箱舘高田屋嘉兵衛資料館

にまつわる約５００点の資料が展示されている。「辰悦丸」の縮小版の模型も展示されている。

また、冬季には厳しい寒さを迎えることから、ここには日本最古に製造されたストーブも展示されている。択捉、根室も物資の輸送活動を行っている。根室市琴平町の根室港を見下ろす金刀比神社の高台には、高田屋嘉兵衛の銅像が建立されている。さらには、穂香神社には、彼が奉納した鈴が保管されている。嘉兵衛は、アイヌ人に深い愛情を寄せていた。隷属から反乱を起こし、首謀者が処刑されたが、彼らを供養する墓は、北方の納沙布岬にある。

参考文献

石井謙治『和船Ⅰ』法政大学出版局、1995年7月

岡庭博『海上商人の足跡』日本海事広報協会、1983年12月

加藤貞仁『海の総合商社 北前船』無名舎出版、2003年3月

加藤貞仁『北前船寄港地ガイド』無明舎出版、2018年1月

神奈川大学日本常民文化研究所編『日本海世界と北陸』中央公論社、1995年8月

司馬遼太郎『街道をゆく（15）』朝日新聞社、1993年6月

司馬遼太郎「菜の花の沖（1）～（6）」文藝春秋、2000年9月

司馬遼太郎『この国のかたち 三』文藝春秋、2016年2月

日本福祉大学知多半島総合研究所編『北前船と日本海の時代』校倉書房、1997年8月

中西聡『北前船の近代史』成山堂書店、2017年11月

中西聡『海の富豪の資本主義』名古屋大学出版会、2009年11月

中西聡「北前船の流通ネットワーク」『月刊 運輸と経済』交通経済研究所、2019年11月

中村尚史『地方からの産業革命』名古屋大学出版会、2010年9月

深井甚三『近世日本海運歴史の研究 北前船と抜荷』東京堂出版、2009年1月

牧野隆信『北前船の研究』法政大学出版局、1989年3月

山岸良二監修『テーマ別だから理解が深まる日本史』朝日新聞出版、2018年

石原靖久『司馬遼太郎で読む日本通史』PHP研究所、2006年

山崎圭一『一度読んだら絶対に忘れない日本史の教科書』SBクリエイティブ、2021年

安藤達朗『いっきに学び直す日本史 近代・現代〈実用編〉』東洋経済新報社、2017年

磯田道史『「司馬遼太郎」で学ぶ日本史』NHK出版、2017年

山脇悌二郎『抜け荷 鎖国時代の密貿易』日本経済新聞社、1965年

尾崎秀樹『対談 海の人物史』TBSブリタニカ、1979年。

北国諒星『北前船、されど北前船――浪漫・豪商・密貿易』北海道出版企画センター、2017年

小西聖一『北前船、海の百万石物語 豪商、銭屋五兵衛』理論社、2008年

塩見　英治（しおみ えいじ）

中央大学名誉教授

1947年生まれ、早稲田大学大学院大商学研究科修士課程修了、九州大学大学院経済学研究科博士後期課程中退。中央大学経済学部教授、ブリテッシュ・コロンビア大学客員研究員歴任。中央大学経済研究所所長を歴任。現在、中央大学名誉教授、中央大学経済研究所客員研究員、中央大学企業研究所客員研究員、中央大学政策文化研究所客員研究員、法政大学大原社会問題研究所嘱託研究員、日本交通学会名誉会員。商学博士（神戸大学）。主要業績・単著『米国航空政策の研究』（2007年、文眞堂）（日本交通学会賞、交通図書賞ほか受賞）、単著『国際航空自由化研究序説』（中央大学学術図書91）（2011年、中央大学出版部）、総監修『自由化時代のネットワーク産業』（2017年、八千代出版）、翻訳『国際貨物輸送』（2011年、成山堂）、『グローバル時代における空港のファイナンスと投資』（2013年、創生社）（住田航空奨励賞受賞）。他多数。

司馬遼太郎『菜の花の沖』と北前船〈増補版〉

2022年7月22日　第1刷発行

著　者　塩見英治
発行人　大杉　剛
発行所　株式会社 風詠社
　　　〒553-0001　大阪市福島区海老江5-2-2
　　　　　大拓ビル5 - 7階
　　　Tel 06（6136）8657　https://fueisha.com/
発売元　株式会社 星雲社
　　　　　（共同出版社・流通責任出版社）
　　　〒112-0005　東京都文京区水道1-3-30
　　　Tel 03（3868）3275
装幀　2 DAY
印刷・製本　シナノ印刷株式会社
©Eiji Shiomi 2022, Printed in Japan.
ISBN978-4-434-30598-6 C0063

乱丁・落丁本は風詠社宛にお送りください。お取り替えいたします。